Hößnetzste Sitzung.

LE
GRENADIER
DE L'ILE D'ELBE

IMPRIMERIE DE COSSON,
RUE SAINT-GERMAIN-DES-PRÉS, N. 9.

LE GRENADIER DE L'ILE D'ELBE.

SOUVENIRS DE 1814 ET 1815.

PAR A. BARGINET, DE GRENOBLE.

La vertu c'est le dévouement.

TOME PREMIER.

PARIS,

MAME ET DELAUNAY-VALLÉE, LIBRAIRES,

RUE GUÉNÉGAUD, N° 25.

1830.

PROLOGUE.

L'histoire contemporaine, si elle pouvait être écrite avec impartialité, présenterait encore d'insurmontables difficultés. Dans notre siècle libre et éclairé, où la vie politique est devenue la vie principale de la société, où l'égalité de l'instruction a répandu tant d'indépendance dans les sentimens personnels, il est presque impossible de reproduire fidèlement toutes les oscillations de cet océan de préjugés et d'opinions. La mission de l'histoire ne se borne pas seulement à la narration plus ou moins exacte des faits, elle a surtout pour but de donner une idée juste des idées et de l'état moral de l'époque dont elle évoque les souvenirs.

Une école jeune et ardente, que les investigations les plus scrupuleuses et les plus pénibles n'ont pu décourager, a secoué le joug absurde de l'habitude et rétabli l'histoire dans son sacerdoce véritable. En compulsant les chroniques du moyen âge, en analysant les révolutions des nations modernes, elle n'a pas souffert que les princes occupassent à peu près seuls le grand théâtre de la vie humaine. Elle a fait une part plus large aux institutions publiques et aux sentimens populaires; et combinant avec art tous les élémens de la civilisation, elle en a retiré une explication plus dramatique et plus vraie de tous les phénomènes sociaux.

Mais ce qui a été tenté avec succès pour le passé n'a point été essayé pour les événemens dont nous avons été les témoins. Il est inutile d'en déduire ici toutes les raisons; cette méthode appliquée à l'histoire contemporaine, que la susceptibilité du pouvoir n'a pas encore affranchie, exciterait de nombreuses dénégations, et n'obtiendrait point de la mauvaise foi des partis cette sanction grave et imposante qui témoigne de la légitimité des annales historiques.

Tel était cependant le but que je voulais m'efforcer d'atteindre, lorsque je conçus le plan de cet ouvrage, et je dois expliquer brièvement les raisons qui m'ont porté à le modifier.

La révolution française, obligée de se faire respecter à l'intérieur et à l'extérieur, imprima aux mœurs publiques une tendance guerrière qui finit par l'emporter sur la ferveur républicaine. Dès l'instant que le dévouement à la patrie se confondit dans le dévouement à un chef militaire, la révolution changea de cours, et il fut facile de prévoir que les cohortes prétoriennes ne tarderaient pas à disposer de l'empire. Ce mouvement extraordinaire ne s'opéra pas cependant sans opposition; malgré le brillant prestige qui entoura constamment le pouvoir audacieux qui avait brisé le règne des lois et de la volonté générale, la nation conserva un profond sentiment de regret qui se manifesta en 1814, quand des revers successifs eurent obscurci la gloire de nos armes.

J'avais donc voulu, dans une introduction historique, établir les rapprochemens qui existent entre ces événemens; j'avais voulu absoudre la France de la souillure de la première invasion, dont une insurrection nationale eût certainement triomphé. Indigné surtout des calomnies qu'on est parvenu à accréditer contre les fondateurs de la liberté française, je me proposais d'attaquer, avec la chaleur de la conviction, les jugemens erronés dont la convention a été l'objet : mais ce premier travail m'avait entraîné trop loin; j'avais élevé un portique sans proportion avec le monument dont j'avais tracé les dessins. Cette illustre assemblée apparaîtra à la postérité plus juste que nous, dans une sphère dont ses misérables contempteurs n'approcheront jamais; et d'ailleurs les domaines de l'histoire et de la vérité sont encore si bornés, qu'il vaut mieux ajourner une entreprise qui demeurerait imparfaite sous l'empire de nos institutions étroites et soupçonneuses.

Lorsque j'eus renoncé à ces préliminaires qui annonçaient peut-être de ma part des prétentions que je n'ai point, je dus effacer de mon ouvrage tout ce qui pouvait lui donner un caractère positif d'authenticité historique. En personnifiant dans un seul homme l'esprit de l'armée française, en mettant en parallèle les obscures aventures d'un simple soldat avec les grands événemens de 1815, je n'ai plus que l'humble intention de retracer quelques scènes de ce drame national qui vient à peine de finir. Mais si j'ai reculé devant la responsabilité qu'entraîne avec elle la gravité de l'histoire, je n'ai point abandonné le désir d'en reproduire l'exactitude sous des formes littéraires plus libres. Si je laisse de côté la discussion des principes, et si mes récits s'écartent dans la description des faits de la sécheresse de l'analyse, je m'efforcerai d'imprimer à mon ouvrage un autre genre d'intérêt.

Je mettrai peu de fidélité dans les dates et les noms d'hommes; mais si le vétéran qui parcourra ces pages y retrouve l'expression fidèle de ses sentimens, si le citoyen y reconnaît les faits dont il a été le témoin, j'aurai rempli mon but. Heureux si, en m'emparant de ces détails de la vie sociale qui échappent à la plume sévère de l'historien, j'ai pu compléter un de ces tableaux qui, suivant la belle expression d'un célèbre professeur, sont plus vrais que l'histoire.

Toutefois je ne me dissimule pas la gran-

deur du sujet que je vais traiter. On cherche-
rait vainement dans les annales des nations
un événement plus épique que cet audacieux
retour de l'île d'Elbe en 1815, que cette conquête rapide d'une immense contrée achevée
en quelques jours, sans qu'une seule goutte de
sang ait attristé le succès du vainqueur. Il y a
tant de poésie dans cette aventureuse entreprise que l'imagination a de la peine à en concevoir la réalité.

Napoléon, précipité du trône par la coalition
la plus formidable qui ait jamais menacé l'indépendance d'un empire, abandonné par l'esprit public, accepte l'exil auquel le condamnent les rois de l'Europe. Nul n'ose supposer
qu'une mystérieuse espérance berce sa résignation, et que celui qui data ses décrets de
Moscou, de Vienne et de Berlin, transporte
seulement son quartier-général dans une petite île de la Méditerranée. Il part accompagné
d'un petit nombre de braves dont l'héroïque
constance ne doit jamais se démentir; c'étaient
des hommes que Napoléon avait créés à son
image.

Il part, et sur quelques points du territoire qu'il a cessé de parcourir en maître, les populations se soulèvent et veulent le rendre responsable des calamités nationales. Sa gloire est oubliée, ses immenses travaux méconnus, son talent militaire devient l'objet des sarcasmes les plus injustes, son grand nom n'est plus prononcé qu'accompagné d'épithètes avilissantes... Il a cessé d'être puissant. Avant de se résoudre au sacrifice que son patriotisme a fait à la paix de la France, il a éprouvé comme homme et comme prince tout ce que les déceptions de la vie ont de plus cruel et de plus amer. Les généraux élevés sous sa tente ont vendu à l'ennemi les dernières espérances de son génie, et il a vu tour à tour ses serviteurs les plus chéris et qu'il croyait les plus fidèles l'abandonner lâchement pour saluer l'aurore du pouvoir que sa chute lègue à la France?

D'où vient que peu de mois suffisent pour changer l'esprit public? c'est que l'honneur national est sacrifié à je ne sais quelle reconnaissance pour d'odieux étrangers; c'est que des prétentions féodales viennent épouvanter les campagnes; c'est que la chaire évangélique ne retentit plus que d'anathèmes et de malédictions politiques. Les lois sont partout méconnues et violées; la servilité, dans son cynisme abject, exalte le parjure comme une vertu royale; une peste que trente années de grandeur et de gloire avait fait oublier; les courtisans, viennent se jeter entre le peuple et le roi, et déjà le langage des ruelles et de l'œil-de-bœuf remplace le langage austère que les magistrats parlaient sous l'empire. Napoléon est absent, mais les peuples croient en lui; l'on dirait que c'est réellement qu'ils ont jadis abdiqué leur souveraineté en sa faveur, et que cet homme est le représentant inamovible de la nation française. Tout cela s'appellera plus tard une conspiration; ce ne sont pas les émigrés, les chambellans, les prélats de cour qui seront punis des fautes de la restauration, ce sera le peuple lui-même.....

Cependant la diplomatie s'épouvante, et déjà la souveraineté de l'île d'Elbe lui paraît redoutable entre les mains de l'illustre proscrit. Les souverains, assemblés en congrès, s'apprêtent à violer la foi jurée, et ils discutent entre eux les mesures odieuses qui doivent éloigner de l'Europe Napoléon vaincu, mais dont l'infortune est devenue aussi menaçante que son ancienne puissance.

Tandis que le congrès délibère, Napoléon se lève de nouveau; il traverse la mer et déploie sur les Alpes le drapeau de la république. A cet aspect glorieux tout s'émeut, tout s'agite; vétérans et jeunes soldats, citoyens des villes et citoyens des campagnes tous accourent pour saluer cet emblême d'espérance et de liberté. Vingt jours après Napoléon reparaît dans les murs de Paris, malgré la jactance et le dévouement de parade des courtisans, et le peuple le porte une seconde fois sur ce trône où le vœu national l'avait appelé douze ans auparavant.

Le cœur bondit d'enthousiasme à la simple et rapide analyse de cet étrange événement. Quelle que soit la religion politique qu'on professe, quels que soient le respect et la vénération qu'on porte à d'autres droits que ceux des nations, on ne peut nier la majesté du mouvement populaire que la seule présence de Napoléon excita en France. Mais ces souvenirs, qui remplissent encore mon imagination, trouveront leur place dans le cours de cet ouvrage; qu'il me soit seulement permis de rapporter ici, bien qu'il me soit personnel, un de ces faits isolés, qui semblent justifier l'ivresse publique de ces jours merveilleux.

J'étais bien jeune encore; depuis un an seulement j'avais quitté les bancs du lycée impérial, où j'avais été admis comme élève *national*, titre dont je serai toujours fier, et que la restauration a si tristement remplacé par celui de *boursier*. Tout était beau sous l'empire; la langue de la révolution, qu'on continuait à parler, avait une énergie harmonieuse qui remuait l'âme.

Onze mois de restauration avaient porté le découragement et la douleur dans tous les esprits : on peut le dire aujourd'hui, car au mois de juillet 1815, Louis XVIII avoua noblement les fautes de son gouvernement. Mais je ne fais point un livre de polémique, et j'abandonne d'inutiles récriminations. Tout à coup, le dimanche 6 mars, le bruit se répand dans Grenoble que Napoléon revient en France, et qu'il s'avance aux acclamations du peuple, semant partout sur son passage des paroles de délivrance et de liberté. Élevé dans les principes de la révolution, et trop jeune pour être lié par aucun serment, je ne consulte que mon cœur, je crois obéir à la voix de la reconnaissance et du devoir, et accompagné de quelques amis de mon âge, je prends la route des montagnes. Aux portes de la ville nous arborâmes cette cocarde tricolore que nous avions toujours portée, et les agens de l'autorité que nous rencontrâmes, irrésolus déjà, n'osèrent réprimer cette généreuse imprudence.

C'était le 7 mars, à deux heures après midi; mes jeunes compagnons et moi nous gravissions la côte de Laffrey avec cet enthousiasme qui supplée à la force physique; de temps en temps les échos des montagnes retentissaient au loin de ces bruits vagues et indéterminés qui annoncent l'approche d'un grand nombre d'hommes. Au milieu de ces cris, qui ressemblaient aux mugissemens d'un orage, nos oreilles distinguaient un nom que nous répétions à notre tour avec toute l'effusion du jeune âge.

— Napoléon! Napoléon!... où est-il? le verrons-nous bientôt?

— Dans quelques instans, nous répondit un de ces Polonais généreux, dont la lance chevaleresque avait égalé dans nos camps la baïonnette française, et qui seul formait l'avant-garde de l'empereur.

— Nous allons le voir, lui!... Napoléon! le vainqueur de Marengo, d'Austerlitz! le maître du monde, l'empereur des Français!...

Peut-être faut-il être jeune, avoir un cœur pur, ardent, ouvert à tous les sentimens généreux, pour comprendre toute la puissance et toute l'énergie de ces pensées qui s'agitaient tumultueusement dans nos imaginations exaltées. Mais oserai-je parler de moi? j'avais été chargé par mes jeunes amis de porter la parole à l'empereur... Je n'étais plus sur la terre, mon cœur battait avec force, j'éprouvais une de ces allucinations fébriles que l'opium procure aux Orientaux, et qui ressemblent aux songes de l'ivresse. Je n'avais jamais quitté le toit natal; jamais Napoléon n'avait traversé nos contrées depuis son élévation, car c'est à Valence qu'il avait commencé sa carrière militaire; je ne le connaissais donc point. Mais

combien de fois j'avais entendu parler de lui!
Mon père ne l'aimait pas, mais il rendait justice à son génie; il était de cette grande génération qui avait créé la république. Dans nos paisibles montagnes le règne de la liberté avait été sans orages, le sang de nos concitoyens n'avait pas rougi ses autels. Un simple peigneur de chanvre, dont je tais le nom à regret, en avait imposé par son énergique patriotisme au farouche Amar, et ce représentant de la convention, si peu digne de son mandat, n'avait pu du moins le déshonorer par des excès dans le département de l'Isère. Mon père était donc républicain, et jamais il ne m'avait parlé de Napoléon qu'avec cette amertume qu'excitait en lui la chute d'un système qui convenait à son caractère probe et sévère.

Mais par combien de brillantes apologies cette critique de Napoléon n'avait-elle pas été effacée dans ma pensée! Combien de fois ne m'avait-il pas apparu au milieu de ses triomphes, à cette époque où les études classiques échauffent l'imagination, où l'impérissable gloire des Romains étonne l'esprit par l'immensité de ses travaux! Je le croyais grand et fort comme un héros de l'antiquité; il me semblait que sa voix terrible devait retentir dans un camp comme celle d'Achille ou d'Ajax...

— Le voilà! le voilà!...

Au détour d'une de ces mille sinuosités que forme la route escarpée de la Mure à Vizille, et près de ces lacs de Laffrey que j'ai eu l'occasion de décrire dans un autre ouvrage (1), un cavalier nous apparut tout à coup.

Il était seul : sa pensée rêveuse paraissait concentrée en lui-même, ses bras étaient croisés sur sa poitrine, et il avait abandonné la bride qui tombait sur le cou nerveux de son cheval de petite taille. Son large front était incliné, et les traits mâles et expressifs de sa physionomie ne nous apparaissaient qu'à demi; mais comment s'y méprendre? il portait ce vêtement gris qu'affectait sa simplicité militaire, et ce petit chapeau que l'œil du soldat

---

(1) Voyez *la Cotte rouge*, ou *l'Insurrection*, Paris, 1828, 4 vol. in-12. Chez les mêmes éditeurs.

n'avait jamais aperçu en vain sur le champ de bataille... C'était lui!

A son aspect nous nous découvrîmes avec un respect profond et silencieux... Le vainqueur de tant de rois, dans ce chemin solitaire des Alpes, entouré de jeunes gens qu'ennivrait sa présence, plongé dans les méditations que lui suggérait sa périlleuse entreprise, semblait encore disposer de tous les prestiges de la puissance. Si la pourpre impériale ne le désignait point à la vénération des peuples, la pensée de César empreinte dans ses nobles traits, révélait en lui la majesté d'un héros et d'un prince.

Que mon cœur était ému! mes paupières étaient humides et gonflées, je tremblais comme un faible enfant, et ce fut à peine si je pus former quelques sons qui expiraient sur mes lèvres, en balbutiant les mots de Citoyen... Général... Sire... On aurait dit que la présence de Napoléon-le-Grand rappelait confusément à ma mémoire vingt-cinq ans de notre histoire nationale.

Il s'aperçut de mon trouble, qui le flattait

peut-être en secret; il s'arrêta : sa main saisit ma main tremblante, j'y appliquai mes lèvres avec une joie indicible et pure. Alors sa voix douce et bienveillante retentit pour la première fois à mon oreille.....

— Vous avez quelque chose à me dire; re-remettez-vous mon enfant...... ne craignez rien; est-ce que je vous fais peur?.....

— Oh! non, Sire, répondis-je aussitôt, on n'a pas peur de ceux qu'on aime.

J'osai alors lever les yeux sur lui : la pensée grave qui un moment auparavant obscurcissait son front avait disparu ; un sourire plein de douceur et de bonté froissait ses lèvres, et son regard, dont il savait tempérer et maîtriser le pouvoir, semblait se reposer sur moi avec intérêt. Suivant l'usage des écoliers, j'avais préparé quelques phrases que je trouvais très-belles et très-convenables; je crois me rappeler que je le comparais à Alexandre, à Charlemagne, et même à Bayard..... Au moment de les prononcer, je les avais entièrement oubliées.

— D'où venez-vous? reprit-il avec douceur, et comme pour ajouter au courage qu'il me rendait.

— Sire, répondis-je alors avec plus de calme, nous venons de Grenoble; la nouvelle de votre retour inespéré nous a comblés de joie, et nous avons voulu jouir un jour plus tôt du bonheur de revoir Votre Majesté. Mes amis et moi, Sire, nous sommes prêts à mourir pour vous.

— En vous dévouant pour moi, vous vous dévouez pour la France; je vous remercie. Vous êtes de bien jeunes soldats, cependant; mais vos parens ont-ils eu connaissance de votre démarche? l'approuvent-ils?

— Sire, nous sommes partis sans prévenir personne.

— Vous avez eu tort : le premier devoir de la société, c'est d'être soumis à ses parens, ne l'oubliez jamais. Au reste, ajouta-t-il en souriant, vous n'y manquerez probablement plus en semblable circonstance. Encore une fois, remettez-vous et parlez-moi sans crainte : M'attend-on à Grenoble? qu'y dit-on de moi?

Cette question inattendue de l'empereur, qui n'était pas faite sans dessein de sa part, produisit sur moi un effet semblable à la sensation d'une commotion électrique ; elle éleva mon âme et me grandit à mes propres yeux ; je sentis que je devais répondre en homme, et les leçons de mon père surgirent aussitôt dans ma pensée.

— Sire, répliquai-je, toute la population de Grenoble et des pays voisins vous accueillera avec enthousiasme, je puis en répondre. Mais on attend de vous des institutions libérales, la paix, et la destruction des droits réunis.

Je me souviens que l'empereur me regarda avec une sorte d'étonnement, et que sa réponse ne suivit point aussitôt l'explication que je lui donnais.

— Le peuple a raison de compter sur moi, dit-il ; j'ai appris qu'il était inquiété dans ses droits, qu'il était malheureux, et je suis revenu pour répondre à ses vœux. Je ne désire que le bonheur et la gloire de la France; nous avons été le premier peuple du monde, nous en serons le plus libre. Pouvez-vous me dire quel est le monument que j'aperçois au pied de ces montagnes?

— Sire, c'est le château de Vizille; c'est là que s'assemblèrent en 1788 les états-généraux de Dauphiné, dont les résolutions influèrent tant sur la révolution.

— Cela est vrai; les Dauphinois ont toujours été fortement attachés aux libertés de leur pays; je les avais déjà jugés dans mes armées, tout ce que je vois chez eux excite mon admiration. Connaissez-vous bien l'histoire de ce pays?

— Je crois, Sire, pouvoir répondre à toutes les questions qu'il vous plaira de m'adresser.

— J'aime qu'on me parle ainsi. Quels ont été les premiers habitans de ces contrées?

— Nos ancêtres appartenaient à la grande confédération des Allobroges; ils furent exposés les premiers aux coups des Romains qui s'établirent facilement dans nos vallées, mais ces montagnes ont toujours été libres. Il y a à peu près deux mille ans qu'Annibal passait avec son armée dans l'endroit où nous sommes.

— C'est un grand souvenir : nous n'avons pas encore assez d'enthousiasme pour les anciens; ce passage d'Annibal suppose en lui un génie extraordinaire. Je m'arrêterai ce soir à Vizille, et j'y passerai la nuit.

— Votre Majesté commettrait une grande faute en agissant ainsi.

— Comment donc? parlez-moi à cœur ouvert.

— Sire, Grenoble n'est qu'à trois lieues de Vizille, il faut y arriver ce soir. Vous y avez des ennemis, Sire, et l'on ne peut pas tourner la ville, qui est pour ainsi dire resserrée entre deux vallées et au confluent du Drac et de l'Isère.

— Votre observation est juste : mais quels sont donc les ennemis que je trouverai à Grenoble?

— Sire, je ne puis vous les nommer, je dois me borner à vous avertir.

— Quel âge avez-vous? où avez-vous été élevé?

— Sire, j'ai seize ans; mon éducation est un des bienfaits de votre règne; j'ai étudié comme élève national au lycée de Grenoble.

— Savez-vous les mathématiques?

— Non, Sire, l'étude de la littérature a occupé tous mes momens; je crois au reste que je ne pourrai jamais apprendre les mathématiques.

— Vous vous trompez; on apprend tout ce qu'on veut apprendre. La littérature est bonne dans les salons, il faut des études plus fortes pour faire un officier-général. Vous me suivrez, vous viendrez à Paris, vous entrerez à Saint-Cyr.

— Mes parens sont trop pauvres pour faire les frais de ma pension. Je suis l'aîné d'une nombreuse famille, Sire; mon père ne peut tout sacrifier pour moi.

— Je suis content de vous, vous entrerez à

Saint-Cyr; je suis aussi votre père, moi, et je paierai votre pension. Adieu, cela est convenu; quand nous serons à Paris, vous rappellerez au ministre de la guerre la promesse que je vous fais.

Ce fut ainsi que se termina cet entretien qui restera à jamais gravé dans ma mémoire comme l'événement le plus extraordinaire qui ait pu honorer l'obscurité de ma vie. J'ai dû retrancher de cette entrevue, qui dura près d'une demi-heure, plusieurs traits importans, mais qui sont liés trop étroitement aux événemens politiques de l'époque. Un jour et dans un âge plus avancé, lorsque le nom de Napoléon ne sera plus qu'historique, ce souvenir, qui me sera toujours cher, remplira souvent mes loisirs, et alors quand on parlera de la gloire de cet homme, je raconterai avec une émotion toujours nouvelle cette journée du 7 mars 1815 (1).

(1) J'ai parlé, il y a quelques années, de cette anecdote à M. le comte de Las Cases, à qui j'eus l'honneur d'être présenté. Cet honorable et vertueux personnage m'assura qu'à Sainte-Hélène Napoléon se rappelait

Les dernières paroles de l'empereur étaient si pleines de douceur et de bonté, et je les écoutais dans un tel transport d'enthousiasme et de joie, que je m'aperçus seulement, quand il cessa de parler, que son escorte nous entourait. Il se remit en route, et je suivis d'un œil d'envie les officiers et surtout ceux de mes compatriotes plus riches et plus heureux que moi, qui l'accompagnaient à cheval. Parmi ces derniers je reconnus M. Emery qui avait été, à l'île d'Elbe, le médecin de Napoléon, et M. Dumoulin, le premier citoyen de quelque importance dont l'adhésion ait fait espérer à l'empereur un heureux succès.... Je me mêlai à la foule qui grossissait à chaque instant sur ses pas, et je

souvent son voyage triomphal en Dauphiné ; il en parlait avec cette sensibilité profonde et cette expression pittoresque qu'il portait à un si haut degré dans l'abandon de ses conversations familières. Il n'avait oublié aucun fait, aucun incident de ces jours d'espérance,... si ce n'est le nom du jeune écolier, auquel cependant il avait tenu parole en 1815. Un décret du mois d'avril m'avait nommé élève national à Saint-Cyr, et une décision, qui suivit de près ce premier bienfait, me dispensait de fournir le trousseau exigé par les règlemens.

cherchais dans une sorte de respect filial à recueillir les mots qui de temps en temps sortaient de sa bouche....

Dans le courant de l'année 1827, j'eus l'occasion de visiter de nouveau ces contrées dont l'aspect devait réveiller dans mon cœur tant de souvenirs. Que d'événemens inexplicables avaient eu lieu depuis les jours si rapides où je les avais vues pour la première fois! Qu'étaient devenus les hôtes passagers qui s'étaient assis un moment aux foyers hospitaliers de nos demeures?... Où était-il ce cortége de peuple et de soldats que la présence de Napoléon avait formé, que la puissance magique de son nom avait rassemblé? Le plus triste silence régnait dans ces gorges solitaires, les cris des oiseaux de proie et le murmure des torrens troublaient seuls la paix des échos. Mais à chaque pas je retrouvais quelque chose de lui et je soupirais profondément en songeant à son étrange destinée et à l'effroyable martyre qu'il avait subi sur le rocher de Sainte-Hélène! Je m'arrêtais, et entraîné dans de douloureuses méditations, je ne pouvais m'en distraire qu'en jetant sur le papier les pensées tumultueuses qui m'assiégeaient. Quelques-unes de ces notes servent d'introduction à un ouvrage déjà cité (1), et pour justifier le titre de ce livre, je vais rapporter ici celles qui remplissent les derniers feuillets de mon album.

Vallée de **Beaumont**, juin 1827.

Je viens de visiter le plateau de la Mure, à jamais célèbre par la défection des troupes envoyées en 1815 contre Napoléon. Il se présenta seul aux soldats qu'on lui opposait ; je vois encore le mamelon peu élevé d'où il laissa tomber les paroles magiques qui mirent fin à la première restauration, car il est évident que c'est à cette première tentative que l'empereur dut l'incroyable succès de son entreprise. J'ignore ce qu'est devenu le jeune aide-de-camp du général Marchand, qui seul osa commander deux fois le feu. Cette raison ne me permet pas de le nommer, mais il ne méritait pas d'être oublié ; son courage et sa fidélité au roi demandaient une noble récompense.

(1) Voyez *la Cotte rouge*.

Un de ces orages spontanés qui éclatent souvent dans les Alpes a désolé aujourd'hui cette belle vallée. Surpris à l'approche du soir par ce phénomène dont la sublimité terrible ne saurait se décrire, j'ai cherché un refuge dans une petite maison à quelque distance du village de Saint-Martin. C'est ici qu'a eu lieu cette scène touchante d'un grenadier de l'île d'Elbe qui vint présenter à l'empereur son vieux père, soldat de Fontenoi, et qui a été conservée dans la plupart des relations que nous avons de son voyage.

Trois personnes habitent seules cette maisonnette, deux jeunes époux et un enfant. La femme qui est fraîche et jolie, m'accueille avec cette hospitalité simple mais bienveillante des temps anciens, dont les mœurs des montagnards de cette contrée ont conservé quelques traces. Notre connaissance a été faite en quelques instans; je me rappelle la circonstance dont je viens de parler et je fais plusieurs questions à cet égard. Soudain la physionomie franche et ouverte de mes hôtes devient triste et rêveuse; voici le récit que j'ai recueilli :

« Le grenadier dont vous parlez a été le propriétaire de cette maison; nous sommes ses héritiers, et nous le pleurerons toute la vie. Il était si bon, si généreux!... Après la bataille du mont Saint-Jean, où il avait été cruellement blessé, il revint dans ce pays; un sombre chagrin paraissait le dévorer en secret; ce fut lui qui nous maria, car il ne voulut pas nous désoler comme il aurait pu le faire... Ceci est une histoire trop longue à raconter. Nous crûmes un moment que nous pourrions le conserver; il avait été soldat toute sa vie et ne savait ni lire ni écrire; mais quand il y eut dans le pays une école d'enseignement mutuel, il la fréquenta avec assiduité. Il écrivait beaucoup, cela paraissait le soulager et le distraire de ses chagrins; mais il nous parlait toujours de l'empereur, et il avait acheté à Grenoble une carte sur laquelle il avait marqué l'île Sainte-Hélène où il disait que l'empereur était prisonnier. Nous avions beau lui répondre que ce n'était pas vrai et que Napoléon reviendrait; il secouait tristement la tête et il pleurait quelquefois... Nous ne pouvions le consoler. Il est mort le 5 mai 1821.»

Cette date remarquable me fit tressaillir...

Je demandai à parcourir les pages écrites par le grenadier; c'étaient des notes sans ordre qui contenaient des relations de diverses batailles et de beaucoup d'événemens contemporains. L'écriture de l'auteur était assez lisible, l'orthographe était très-vicieuse, et le style, quoique familier, avait quelquefois une chaleur remarquable; il était surtout semé de ces expressions énergiques et pittoresques qui n'appartiennent qu'à nos vieux soldats. L'infortuné! son âme généreuse et brûlante de patriotisme s'était comme répandue dans ces pages incohérentes... Les veilles du grenadier ne seront pas perdues.

Mon dessein est donc de reproduire dans cet ouvrage, du moins autant qu'il est en moi, les touchantes inspirations et les nobles regrets de ce soldat inconnu. Je donnerai une autre forme à ses récits, mais j'en conserverai la couleur. On doutera probablement de la réalité de cette anecdote; je n'ai aucun moyen de répondre à cette accusation, le sort de ce livre ne peut en dépendre.

Mais si, en composant cet écrit, je n'ai pu me défendre contre l'enthousiasme qu'inspirent les grandes actions, je dois protester d'avance contre toutes les inductions fâcheuses qu'en pourraient tirer les ennemis de notre ancienne gloire. Il s'agit ici moins du fonds des choses que des hommes; je ne discute pas, je raconte. Au dessus de tous les prestiges de la victoire, je placerai toujours la liberté constitutionnelle; plein d'une religieuse vénération pour l'auguste auteur de la charte, je désavoue d'avance toutes les expressions qu'on pourrait imputer à un sentiment contraire. Il n'y a plus d'avenir pour la France que dans l'ordre légal et constitutionnel, et l'amour que nous portons à ces institutions bienfaisantes sous lesquelles nous avons le bonheur de vivre, doit refluer aussi sur les princes loyaux qui les font respecter et fleurir.

CHAPITRE PREMIER.

LE GRENADIER DE L'ILE D'ELBE.

CHAPITRE PREMIER.

Le conquérant.

Les temps s'accomplissaient!... La France allait payer cher l'ivresse de ses jours de liberté et l'orgueil de ses jours de gloire. Déjà ses frontières avaient été franchies, et son beau sol se couvrait d'ennemis exaspérés par la joie du triomphe et par l'amour de la vengeance. Les fils des Huns, des Germains, des Scandinaves, des Saxons, des Goths et des

Vandales se répandent comme les flots d'un torrent, dans les champs fleuris de ces Gaules où reposent depuis tant de siècles les ossemens de leurs ancêtres. Leurs drapeaux flottent sur les remparts des cités impériales, et les légions de César, dispersées mais non vaincues, lèvent en vain vers leurs aigles d'or des regards empreints de leur tristesse guerrière. Les soldats du nord dont les casques sont ornés de rameaux verdoyans, se promènent avec hésitation au milieu des populations françaises, frappées de douleur et d'étonnement. Ils s'essayent à nous braver, nous ! qui fûmes leurs maîtres : leur victoire leur paraît un rêve, et leur audace les épouvante comme le souvenir de leurs revers.

En ces jours de désastres où succombent de si grandes destinées, le soleil vient encore éclairer plusieurs fois de mémorables combats. La victoire semble se séparer à regret de ces vieilles phalanges qu'elle a si long-temps illustrées. La grande armée, si digne de son nom et de sa puissante renommée, est encore menaçante et terrible. A mesure que la mort éclaircit ses rangs, on dirait que le courage du soldat qui a survécu à tant de batailles, se régénère dans le sang et devient plus héroïque.

Non, jamais le chef n'avait paru plus grand, plus redoutable, plus maître de sa pensée énergique. A la tête d'une poignée de braves, qui, par une sorte d'instinct inexplicable, se transportaient à de grandes distances aussi vite que sa volonté, Napoléon semait partout la terreur et la mort. Il était à Champ-Aubert, et il combattait à Montmirail comme un simple soldat. La victoire signalait sa présence à Vauchamp et à Mormane. C'était son audace intrépide qui l'emportait sur les sanglantes collines de Montereau. Tout à coup il apparaissait aux portes de Reims, et cette ville où les rois de France font consacrer leur couronne, put croire un moment que l'épée de Napoléon allait encore reculer les jours où cette grande cérémonie devait se célébrer de nouveau dans sa basilique féodale. Des murs de Reims il volait comme l'aigle dans les champs de Craone, d'Arcis-sur-Aube et de Saint-Dizier, dont les noms sont désormais immortels. On ne parlait que de ces victoires. La renommée, fidèle un moment encore à la gloire de l'empereur, en portait rapidement la nouvelle dans les villes et dans les hameaux libres de la présence des étrangers, elle venait ranimer le courage des cités que leur présence avait profanées.

Et tandis que tant de braves mouraient pour l'honneur de la France, l'ennemi s'avançait de toutes parts. Tous ses pas étaient marqués par des défaites, mais il marchait. Les Autrichiens passaient les Alpes et poussaient le hurra de la victoire sur les ossemens blanchis des soldats de Wurmser, de l'archiduc Charles et de Beaulieu. Vers les Pyrénées, les Espagnols, guidés par les plus cruels ennemis de la France, arrivaient à marches forcées, ivres de haine et de colère. Pourquoi leur juste cause n'avait-elle pu se passer de l'alliance de l'Angleterre? les Français abandonnaient leur sanglante conquête; ils reculaient devant les léopards britanniques et les tours de Castille; mais leur retraite était celle des Parthes, ils fuyaient, mais en lions blessés. Dans les plaines de Toulouse, un chef alors justement célèbre, Soult, arrêta un moment les pas de Wellington, et l'aigle impérial laissa tomber encore sur ces étrangers quelques foudres de ses serres. Les Prussiens et les Russes accouraient de ce côté du Rhin, précédés d'une sombre nuée de cosaques. Les Saxons et les autres Allemands cachaient, au milieu de ces masses d'ennemis, leurs bataillons déshonorés par la trahison.

L'Europe, toute l'Europe inondait la France désolée! Qu'était donc devenu le secret de sa force et de sa puissance? Ah! si la gloire fait les grands hommes, la liberté seule fait les grands peuples. Exilée depuis douze années, elle vit avec une joie sombre cet immense revers qui vengeait ses outrages. Bientôt les factions sortirent du long repos où les avait retenues le bras formidable de Napoléon. Aux alarmes du découragement, aux intrigues funestes des partis qui renaissaient tout à coup avec leurs haines et leurs préjugés, se mêlèrent enfin des désastres réels. On ne savait plus ni commander ni obéir. Les fonctionnaires incertains ne voulaient rien prescrire pour la défense commune. Comme dans les jours orageux de la révolution, les soldats, au milieu des convulsions dans lesquelles s'éteignait l'empire, demeuraient seuls fidèles à leurs sermens, et mouraient pour la patrie en embrassant leurs drapeaux.

Le peuple cependant, moins facile à égarer que les factions, moins aveugle qu'elles dans ses haines, ne vit pas profaner d'un œil indifférent le sol sacré de la France. Quelques-uns de ces mouvemens énergiques qui annoncent encore la jeunesse des nations, se manifesta sur plusieurs points du territoire. A l'approche de l'ennemi, ce sentiment intime et inaltérable de la conservation et de l'indépendance du pays, se réveilla dans les masses populaires. De toutes parts, on demanda des armes. Les anciens soldats qui avaient assisté aux grandes fêtes de la république, qui avaient conquis l'Égypte et l'Italie, se réunirent encore une fois au son du tambour. C'était le dernier acte de leur illustre existence, ils devaient y mêler des souvenirs de leur jeunesse. Aussi les chants patriotiques qui s'élevaient des rangs de ces vétérans de la gloire française, effrayèrent-ils les agens de l'autorité impériale, qui avaient si promptement oublié leur origine. La mémoire des peuples est plus fidèle.

L'Alsace, la Champagne, la Lorraine, premières contrées de la France qui furent en proie aux maux de l'invasion, donnèrent l'exemple de ce saint enthousiasme. Les citoyens des villes et surtout ceux des campagnes, les propriétaires et les fermiers, les industriels et les artisans, tous s'unirent dans ces graves momens, et firent au pays le sacrifice de leurs biens, de leur vie, de leurs affections privées. L'insurrection s'étendait rapidement au bruit du tocsin, et le signal de la vengeance volait ainsi de clochers en clochers. L'ennemi ne traversait que des villages déserts et à demi consumés; les villes leur fermaient leurs portes, et il put croire un moment que l'esprit national de la convention ne s'était point encore retiré des Français.

Entre ces contrées héroïques que le joug étranger ne trouva pas dociles, la Champagne se distingua surtout par l'énergie de son courage et l'étendue de ses malheurs. Ses champs étaient dévastés, ses bourgs livrés aux flammes, ses routes étaient couvertes de morts, d'affûts brisés, d'armes qui n'avaient plus de maîtres. Tout ce qui échappait aux fureurs de la guerre, était livré à l'incendie et à la destruction par les généreux patriotes de cette province. Le pays tout entier n'offrait plus aux regards épouvantés, qu'un vaste champ de carnage et de désolation. Des familles, des populations entières emportaient dans les bois leurs vieillards, leurs enfans, leurs malades; comme dans les anciens jours, après la violation du palladium, les habitans de Troie réduite en cendres, fuyaient chargés des images de leurs dieux et des ossemens de leurs ancêtres.

Non loin de Château-Thierry, et la veille du combat fameux et sanglant auquel l'histoire a conservé le nom, quelques officiers étrangers parcouraient à cheval un plateau riant et boisé qui avoisine la patrie de La Fontaine. A leurs uniformes verts, aux longues plumes de coq qui ombrageaient leur coiffure militaire, mais surtout à leur teint basané et à ces traits bizarres et écrasés qui distinguent la race mongole, on reconnaissait en eux des enfans de la froide Russie. L'un de ces chefs était remarquable par sa haute taille et par l'air de noblesse et de bonté répandu dans sa physionomie. Une sorte de mélancolie rêveuse donnait à son visage blanc une expression indéfinissable de douleur et de gravité. Il y avait dans le sourire qui effleurait quelquefois ses lèvres quelque chose d'austère comme une pensée religieuse. Ses grands yeux bleus et ses cheveux blonds, dont quelques boucles tombaient sur son front pâle, le faisaient ressembler à ces rois de la mer si célèbres dans les anciennes poésies du nord. Des insignes en diamans brillaient sur sa poitrine, et les riches fourrures qui couvraient la selle de son noble coursier arabe l'auraient fait prendre pour un haut personnage, si le profond respect dont l'entouraient ses compagnons n'avait donné une idée plus juste de l'importance de son rang.

Ils s'approchèrent d'une ferme spacieuse, entrourée de belles plantations. Le plus profond silence régnait dans ce lieu. Aucune fumée ne s'élevait du toit de cette agreste habitation ; on n'entendait ni le mugissement des bestiaux, ni les cris des garçons de ferme, ni le bruit vague qui annonce ordinairement l'approche d'une grande exploitation rurale.

— Hetmann! dit le chef en se servant de la langue française, vos Cosaques ont-ils déjà passé par ici?

— Non, Sire, répondit brusquement celui des officiers à qui cette question s'adressait.

— Tant mieux! reprit l'auguste personnage, ce lieu me plaît beaucoup, je veux m'y arrêter un moment. Demain peut-être cette délicieuse solitude sera désolée par la guerre. Si c'est la volonté de Dieu que je sois frappé durant cette campagne, c'est ici que je voudrais recevoir le coup mortel.

Une légère contraction nerveuse, semblable à un sourire triste et pénible, froissa ses lèvres, et ses regards se promenèrent avec émotion sur ce site pittoresque et sur les campagnes voisines.

— Mais je ne vois personne, continua-t-il; voilà cependant une habitation assez considérable; quand ce tableau est animé il doit être enchanteur. Hetmann, trouvez-vous que la grandeur sauvage de nos steppes solitaires soit préférable à l'aspect riant de ce vallon? Tout ce que j'ai vu de la France jusqu'à présent répond à l'idée que je m'en était faite; on a eu raison de la saluer du nom de belle...

Un sourd frémissement qui s'éleva autour du prince sembla indiquer que cette observation ne flattait point les préjugés de ses compagnons.

— Que Votre Majesté daigne me pardonner, répliqua l'hetmann, je suis né dans Nowogorod-la-Grande, je suis un vrai Russe... Oui, Sire, la France est un beau pays, mais c'est à Paris que nous sommes impatiens d'en juger!

Le prince regarda ses aides-de-camp d'un air grave et triste, et un faible balancement de sa tête révéla le doute qui remplissait son esprit.

— Aller voir, Valkonski, ajouta-t-il.

L'officier qui avait compris le sens de cet

ordre, fit bondir son cheval, et courut avec la vitesse d'une flèche jusqu'à la porte de la ferme. Il revint peu d'instans après.

— Hé bien! dit le prince, avez-vous vu quelqu'un?

— Oui, Sire, répondit l'officier en s'inclinant respectueusement. Il y avait à l'entrée de cette maison un homme que j'ai trouvé appuyé sur une bêche, et que le bruit des pas de mon cheval a paru tirer d'une profonde rêverie. Je l'ai vainement interrogé, il a refusé de m'accompagner auprès de Votre Majesté.

L'hetmann des Cosaques saisit précipitamment un des pistolets qui garnissaient sa ceinture militaire, il se souleva sur ses étriers, et sembla n'attendre qu'un signe de son maître pour aller punir l'audace du paysan champenois.

— Paix! hetmann, reprit le prince en souriant; allons voir cet homme. Les paysans français, Messieurs, ne ressemblent guère à ceux de la Russie.

Il paraissait âgé d'environ cinquante ans : il était triste et rêveur, et l'arrivée de ce groupe de cavaliers ne lui causa aucune émotion ; aucun changement qui indiquât ou la crainte ou seulement l'inquiétude ne se manifesta dans ses traits pâles et amaigris, mais fortement caractérisés. Il était découvert et portait par dessus ses vêtemens un sarrau en toile bleue. Quand ces étrangers s'approchèrent de lui, il laissa seulement tomber sa bêche, croisa ses bras sur sa poitrine d'un air fier et tranquille, et sembla examiner ses hôtes inconnus d'un œil froid et sévère.

— Êtes-vous seul ici, brave homme ? lui demanda le prince avec bienveillance.

— Oui, Monsieur, pour un moment encore du moins.

— Cette ferme est vaste, les terres qui l'entourent paraissent bien cultivées ; vous êtes sans doute attaché au maître de ce domaine ?

— Non, Monsieur, je suis le seul propriétaire de cette maison et de cinquante arpens qui en dépendent; ce sera un jour, s'il plaît à Dieu, le bien de mes enfans.

Les officiers du prince se regardèrent entre eux avec un étonnement difficile à peindre.

— D'après cela, continua l'auguste étranger, vous devez avoir une famille, des serviteurs...

— Sans doute, Monsieur; mais pourquoi toutes ces questions?

— Ne vous en effrayez pas : nous sommes loin d'avoir l'intention de vous faire aucun mal.

— Vous n'êtes probablement pas venu de si loin dans de bonnes intentions pour nous, mais ne croyez point que j'éprouve de la crainte. J'ai porté pendant dix ans l'habit militaire, Monsieur, et je sais bien tout ce qui peut arriver sur le passage d'une grande armée. Nos sacrifices sont prêts.

— Je suis bien aise de parler à un ancien militaire. Les soldats français ont toujours été de braves gens. Vous êtes-vous battu contre les Russes?

— Oui, Monsieur; à Austerlitz, à Eylau et à Friedland. Les Russes se battent bien aussi; ils sont un bon peuple. Je ne dis pas cela parce que je crois que vous êtes de cette nation, c'est mon opinion.

— Vous dites vrai : mes compatriotes et les vôtres sont faits pour s'estimer; quand ils le voudront ils seront les maîtres du monde. Mais Napoléon nous a forcés d'en venir aux plus cruelles extrémités. Nous gémissons sincèrement sur les maux que son ambition va causer à la France.

— L'empereur sait bien ce qu'il fait, Monsieur, et puisque vous êtes des Russes, je ne vous crois pas en droit de l'accuser. Ce n'est pas lui qui a manqué à sa parole après Austerlitz et après Tilsitt. Je suis un homme du peuple, Monsieur, et par conséquent je n'entends rien à la politique; je parle ainsi d'après les règles du bon sens. Nous avons perdu beaucoup de monde chez vous, c'est vrai; mais le froid a plus fait que votre canon. D'ailleurs l'empereur a encore été trop bon à Moscou. Au reste tout n'est pas fini, on a brûlé quelques maisons dans la Champagne, dans trois mois il n'y paraîtra plus; mais, vous, vous ne sortirez plus de la France.

A ces mots, le bouillant hetmann fit sur sa selle un mouvement de colère et d'impatience qui fut aussitôt réprimé par un regard de son maître.

— Savez-vous à qui vous parlez, mon ami? reprit le prince avec douceur.

— Je l'ignore, Monsieur, et je ne désire point le savoir; un honnête homme ne doit jamais cacher sa façon de penser. Au surplus, je serais fâché de vous dire des choses désagréables pour votre empereur; je défends le mien, et voilà tout.

— J'honore votre franchise et votre fidélité à celui que vous pouvez regarder comme votre souverain; mais vous vous trompez, nous ne faisons point la guerre à la France, nous ne sommes armés que contre l'oppresseur de ce beau pays, qui était aussi celui de l'Europe. Vous aimez donc Napoléon?

— Oui, sans doute, Monsieur. S'il y a quelque chose à blâmer dans son gouvernement, ce n'est pas avec vous que j'en dois convenir. D'ailleurs, les circonstances ont tout fait, et nous ne devons pas abandonner l'empereur au moment où il n'est plus heureux.

— Il est cependant l'auteur de tous vos maux. C'est son orgueil et sa passion pour les conquêtes qui ont soulevé l'Europe contre lui.

— C'est là votre opinion, ce n'est point la mienne. En défendant l'empereur, nous savons que nous défendons nos femmes, nos enfans, nos propriétés. Vous ne pouvez pas lui faire la guerre sans la faire à nous-mêmes; nous mourrons tous pour lui.

— Vous êtes un homme estimable, je me plais à vous le dire, et je vous en plains davantage. Savez-vous où Napoléon est dans ce moment?

— Vous m'en demandez beaucoup trop, Monsieur, je n'en sais rien; mais soyez certain qu'il est partout où il faut qu'il soit.

— Croyez-vous que Château-Thierry se défende? nous avons l'intention d'y entrer demain.

— Demain!... jamais! l'empereur y sera, vous serez battus.

— Tous les habitans de ce pays pensent-ils comme vous?

— Tous, je l'espère du moins pour l'honneur de la France.

— Vous avez été soldat, vous devez connaître l'extrême rigueur des lois de la guerre; ne craignez-vous pas pour vos familles si vous prenez les armes?

— Nos familles sont en sûreté; d'ailleurs, notre existence appartient à la patrie. Nous mourrons, mais la France restera la France!

— Vous l'entendez, Messieurs, s'écria le prince en faisant à ses compagnons un signe d'intelligence. Mon ami, ajouta-t-il en s'appuyant sur le pommeau de sa selle, vous avez de généreux sentimens; mais, je vous le répète, je vous plains. Les Français sauront trop tard combien leur aura coûté leur aveugle confiance dans Napoléon. Je suis certain que vous ne l'aimez plus : c'est par point d'honneur que vous lui demeurez fidèles. Le monde sait que l'honneur est la première loi de votre généreuse nation, je pleure sur ses malheurs. Oui, brave Français, j'honore votre patriotisme et votre fermeté. Acceptez ce diamant, il est de peu de valeur, mais vous le montrerez comme une preuve de l'estime que le czar de toutes les Russies a pour les Français qui vous ressemblent.

— L'empereur Alexandre!... Sire, je vous remercie, et j'accepte votre présent; je ne veux pas être accusé d'insolence et de fierté; je ne suis qu'un honnête homme et un bon citoyen. Mais, Sire, ne jugez pas tous les Français d'après moi; notre nation vaut encore mieux qu'on ne le croit. Pardonnez-moi; le quartier général de votre armée est donc bien près d'ici?

— A moins d'une lieue, répondit le czar en souriant.

— Adieu donc, Sire! vos paroles seront toujours présentes à ma mémoire. Je vais remplir un dernier devoir.

— Un paysan! murmura l'hetmann, le czar est trop bon.

Quelques instans après cet entretien remarquable, l'empereur Alexandre, entouré de ses principaux officiers, vit du haut d'une colline voisine les flammes qui dévoraient la ferme....

Tandis que le patriotisme français semblait se réveiller dans toute sa force, au nord, à l'est et au sud-est de l'empire, les étrangers arrivaient sous les murs de Paris; ils parvenaient à ce but unique de l'invasion de défaites en défaites. Tout dans cette grande catastrophe devant être inattendu, l'ennemi allait devoir à ses revers le prix de la victoire. Cette cité superbe que les poëtes impériaux avaient saluée du nom de *ville éternelle*, allait voir fouler aux pieds de vingt peuples réunis le bronze et le marbre de ses monumens triomphaux. Dans peu de jours, la trompette moscovite et le tambour prussien retentiront dans son enceinte conquise, comme le son douloureux du tam-tam à une cérémonie funèbre. Ces bruits étrangers annonceront au monde les funérailles de la gloire française et la chute du grand empire.

— Aux armes, citoyens!...

Quels cœurs généreux répondront à cet appel énergique que la France fit entendre en des jours non moins solennels? quelles mains s'armeront pour la sainte cause de l'indépendance nationale? Tout ce peuple parisien, dont la commune audacieuse domina la révolution, et qui, passant subitement du sombre enthousiasme républicain à la frivolité des nations esclaves, célébra comme une fête le 18 brumaire; tout ce peuple se lèvera-t-il pour défendre le héros auquel il sacrifia la liberté? Que les temps sont changés!..... la voix puissante de la convention n'inspire plus la religion du dévouement à une nation épuisée, fatiguée de sa grandeur colossale. Quelques actes isolés de valeur et de patriotisme attirent à peine de rares applaudissemens; déjà la lâcheté a pris le langage des factions; l'égoïsme, vice des monarchies que l'empire a rendu à la capitale, domine ces frivoles citoyens, corrompus par les beaux arts et par les pompes séduisantes du pouvoir. Il n'y a plus de peuple proprement dit; celui qui avait fait la république si terrible, et l'empire si puissant, n'est plus qu'un ramas de prolétaires sans nationalité. Mais c'est même en vain que l'amour de la patrie se réveillerait dans son sein, on lui refuserait des armes avec lesquelles il pourrait s'essayer encore à vaincre aussi pour lui en combattant pour le trône impérial. La population de cette grande cité, inquiète, tumultueuse, se répand sur les places publiques et les boulevards, où l'on entend des jeunes gens demander en riant si nous serons pris par famine ou par assaut.

Tout à coup les noms de plusieurs princes que leur long exil avait fait oublier circulent dans la foule; d'habiles émissaires, profitant de l'anxiété générale, s'en vont parlant comme d'une grande espérance de cette royauté qu'un orage fit disparaître et qui revient au milieu d'un orage.

Cependant le canon gronde : les hauteurs de Montmartre et de Belleville sont couronnées de braves qui vont protester encore une fois contre l'invasion étrangère, au nom de l'honneur national. Ce sont des enfans et des vieillards qui s'offriront aux coups décisifs de l'ennemi ; c'est le passé et l'avenir de la gloire française qui se déploieront à ses regards sous les faibles remparts de la capitale. Les jeunes élèves de l'école polytechnique, les hôtes mutilés du palais des Invalides..., voilà la dernière espérance de la patrie ! Mais à quoi serviront votre courage et votre dévouement, jeunes et vieux guerriers ? la trahison et le destin conspirent contre vous, votre sang est vendu, le plus lâche des attentats doit faire triompher la plus audacieuse des entreprises. O honte ! les armes les plus redoutables ont été brisées en secret, les cartouches qu'on a distribuées aux derniers défenseurs de la France ne contiennent qu'une vile poussière, et l'étranger peut maintenant s'avancer sans crainte contre ces phalanges sacrées qu'on abandonne à son lâche bonheur.

Que les noms des traîtres ne souillent point

la plume d'un patriote, mais qu'ils soient maudits dans la postérité!

Tandis qu'on abandonnait ainsi les destinées de la France à quelques obscurs intrigans, Napoléon arrivait pour couvrir Paris à la tête de cinquante mille hommes,..... mais le sacrifice était consommé. Les soldats d'Alexandre et de Frédéric-Guillaume occupaient la capitale, et cette armée qui n'avait point conquis sur le champ de bataille un succès aussi grand, défilait étonnée au milieu d'une foule immense et silencieuse, qu'une heure de patriotisme eût immortalisée à jamais.

Que ne peut-on déchirer ces honteuses pages du livre de notre histoire! le cœur saigne à ce souvenir déchirant... et voilà donc le prix de vingt-cinq ans de travaux! Nous avons vu tour à tour régner la liberté et le despotisme sanglant qui usurpa son nom. L'Europe se souleva contre nous, nous la vainquîmes; républicains, notre drapeau devint partout où nous combattions un signal d'indépendance; soumis aux lois d'un seul, nous donnâmes des couronnes. Nos plus braves soldats ne sont plus, nos campagnes sont dépeuplées, nous avons tout supporté pour demeurer une grande nation, la misère et un maître! Ce rêve prodigieux est fini, et dans quelques jours on n'osera plus parler de notre gloire sans rougir, nos droits seront méconnus, et l'on daignera nous octroyer la liberté que nous n'avons pas su défendre! Ainsi périsse toujours la grandeur des nations qui mettent leur avenir dans la vie d'un seul homme!... Venez voir comment finit le pouvoir qui repose dans le génie d'un seul, venez voir comment la fortune se joue de la puissance humaine, et comment elle brise une épée dans les mains d'un conquérant.

Napoléon est à Fontainebleau... il est encore le maître dans ce séjour; mais on sent qu'il va bientôt cesser de l'être : tous ces esclaves titrés qui vivent des sueurs du peuple, pâles et incertains, traversent déjà sans les précautions de l'étiquette l'appartement même où l'empereur, dominé toujours par la même activité d'esprit, cherche encore sur la carte un chemin pour la victoire. Ils osaient causer auprès de lui, se communiquer leurs craintes et leurs espérances; mais de temps en temps un regard de celui devant lequel ils s'étaient si souvent inclinés glaçait les paroles sur leurs lèvres.

Il sait tout. Dans un premier mouvement d'indignation, sa voix, qui trouvera tant d'échos dans l'avenir, a justement flétri cet infâme sénat qui s'est souvenu de la constitution au seul moment où il eût fallu l'oublier, et ces généraux qui trompèrent la gloire en lui révélant leurs noms. L'empereur est résigné, un ordre du jour qu'il a dicté avec ce sang-froid qu'il conservait dans les dangers a fait connaître à ses soldats, à ses fidèles et héroïques compagnons, la véritable situation des choses. Leur enthousiasme et leur dévouement sont restés les mêmes, ils ne séparent pas l'empereur de l'empire, et étrangers aux spéculations tortueuses de la diplomatie, ils demandent à marcher à l'ennemi. Ils ne connaissent d'autre politique que l'honneur, d'autres traités que les batailles. Il y a dans le cœur de Napoléon une pensée secrète semblable à celle de ses braves; c'est en vain que l'île d'Elbe lui a été assignée à titre de souveraineté, cette étroite prison n'est pas encore ouverte pour le dominateur de l'Europe; c'est en vain que les actes publics d'un gouvernement qui n'est pas le sien a déjà attesté la chute de l'empire, Napoléon sourit encore à l'espérance d'une journée militaire, il attend encore un rayon du soleil d'Austerlitz.

Cependant le drapeau blanc a remplacé les couleurs nationales de la république et de l'empire. Les soldats qui se sont soumis au nouvel ordre de choses doivent briser la tête de l'aigle qui ornait leurs shakos; c'est le seul acte de la politique nouvelle qu'ils aient compris, c'est aussi celui qui fait naître dans leur cœur un profond regret du passé et qui l'année d'après déterminera leur défection.

Un prince du sang des Bourbons était entré dans Paris aux acclamations du peuple et avait pris possession au nom de son auguste famille de la couronne de Louis XVI. Jamais enthousiasme plus vif et peut-être alors plus sincère n'éclata en faveur d'une dynastie long-temps éloignée du trône. C'était un délire de joie et d'espérance que de longues calamités et les maux de l'invasion rendaient encore plus national; d'ailleurs les premières paroles de ce prince, dignes de la longue popularité de sa race, avaient versé dans tous les cœurs le baume consolant de la paix et les joies de l'avenir. Ce titre si beau de fils de France réveillait tant de grands souvenirs, celui qui en était revêtu promettait de guérir tant de blessures saignantes et douloureuses, que l'entraînement fut général, et que la présence de Charles suffit pour conquérir l'affection des Français. On se pressait en foule sur son passage; l'aspect des soldats étrangers ne pouvait blesser sa vue; il parvint au château des Tuileries sous une voûte de fleurs, de rameaux verts et de drapeaux fleurdelisés. On recherchait son sourire, comme après un hiver rigoureux on attend un rayon vivifiant du soleil; ses paroles étaient aussitôt répétées par des milliers de voix attendries, et lui-même, en essuyant les pleurs que lui arrachaient tant d'amour et d'enthousiasme, eut souvent besoin de s'appuyer sur ses nobles serviteurs.

Mais, hélas! ces promesses que la joie de fouler le sol natal inspirait au petit-fils de Henri IV ne pourront être réalisées, et le temps n'est pas éloigné où ce peuple léger, mais dont l'entraînement fut irrésistible et pur, abandonnera le prince objet de son ardente admiration...

Malgré cette manifestation spontanée de l'esprit public, Napoléon croit pouvoir compter encore sur l'habitude de la victoire et de la domination. A chaque instant il se sent prêt à ressaisir les foudres de la puissance impériale, il médite dans les profondeurs de son génie un de ces mouvemens rapides, énergiques, faits pour confondre l'esprit humain et pour rendre tous ses prestiges à l'éclat de son nom. Mais pour la première fois ses lieutenans discutent au lieu d'obéir, ils lui parlent de la foi des traités, de la lassitude de la France, de l'intérêt de sa propre vie; il dévore en silence sa douleur et son indignation; l'un d'eux seulement frappe droit à son cœur en prononçant devant lui le mot de guerre civile... A cette pensée désastreuse, celui qui se glorifie d'avoir été l'homme de la France, le souverain de son choix, juge tout à coup les conséquences de la lutte sanglante qu'il était sur le point de commencer. Habitué à tout immoler aux intérêts de la patrie, le grand capitaine peut lui faire le sacrifice de son rang, celui de sa vie, mais son honneur restera pur, il ne ternira point ses impérissables lauriers, il va déposer les armes... son départ pour l'exil est fixé au lendemain.

C'était le 19 avril : Napoléon a besoin de revoir ses anciens amis, ceux qui lui doivent leurs titres et leur rang... il n'en reste plus auprès de lui, ils sont allés avilir leur fortune prodigieuse mais long-temps honorable. Loin de l'astre brillant dont ils réfléchissaient les rayons, ils ne tarderont pas à paraître ce qu'ils sont, des ingrats que le hasard avait marqués dans la foule pour être un exemple des bizarreries de la destinée humaine.

Quels sont ces deux hommes qui se sont long-temps communiqué leurs lâches desseins dans l'embrasure d'une croisée et qui ont tout à coup quitté Fontainebleau, sans oser regarder leur bienfaiteur et leur maître? L'un porte l'uniforme étincelant de broderies des hauts dignitaires de l'empire, l'autre le costume oriental des mamelucks; que la reconnaissance n'ait pu entrer dans son cœur d'esclave, c'est ce qu'à la honte de l'humanité il faut pardonner à la bassesse de son origine ; mais le confident intime de l'empereur des Français... l'ami d'un héros ! un Français ! Berthier... cette désertion glace le cœur !

Il est nuit : nul ne veille plus auprès de Napoléon; cet abandon des hommes lui coûte plus que l'abandon de l'empire ; c'est alors qu'il ressent dans toute l'amertume de la douleur le néant des choses humaines, et comme Brutus après la journée de Philippes, il a droit de douter de la vertu. Il reporte sa pensée sur la longue liste des ingrats qu'il a faits... séparé déjà de son épouse et de son fils, désigné à la haine de l'Europe, par des souverains jaloux de sa renommée, comme un fléau désastreux, sa vie ne sera plus que l'agonie cruelle d'un prisonnier. Napoléon, qui a vaincu tant d'armées braves et nombreuses, ne peut plus se vaincre lui-même, et il va s'abandonner aux coups de la destinée qui l'accable. Il ouvre une des croisées de son appartement, l'air pur du soir ne rafraîchit point son imagination embrasée; son âme s'indigne de ses souffrances et semble déjà s'élancer dans les champs de l'espace et de l'éternité; il dit un dernier adieu à la nature, il donne un souvenir à son fils ; frêle espérance que la tempête a flétrie, il cherche dans le ciel cette étoile mystérieuse que par une des faiblesses de son génie il distingua autrefois dans les myriades de soleils qui peuplent la solitude des nuits : il la cherche, mais en vain... son œil a perdu le secret de sa marche. L'heure de la mort a sonné pour lui... un poison actif et violent circule dans ses veines... Napoléon éprouve des spasmes douloureux qui lui semblent les avant-coureurs du trépas; mais il souffre et il ne meurt point...

Le jour va bientôt succéder à la nuit, les étoiles pâlissent dans le firmament, Napoléon reverra le soleil... il a soif... un air brûlant circule dans sa poitrine : — La mort ne veut pas de moi! dit-il avec désespoir, et il descend précipitamment par un escalier dérobé, pour jouir de ce vent frais et léger qui se joue dans les arbres du parc.

CHAPITRE DEUXIÈME,

CHAPITRE II.

Le général et le tambour d'Arcole.

Le soleil du 20 avril 1814 ne frappait point encore de ses rayons les girouettes dorées du palais de Fontainebleau, ni la cîme des arbres séculaires qui ombragent les environs de cette royale demeure; mais les sombres voiles de la nuit se dissipaient lentement, et des flots de nuages rougeâtres, annonçant l'approche du jour, inondaient l'horizon.

A cette heure matinale le plus profond silence régnait dans cette partie du parc qui avoisine le château. Quelques coqs de bruyères qui osaient venir sur la lisière du bois faisaient seuls entendre leur cri perçant, qui se mêlait au bruit de leurs larges ailes, semblable à celui que la rame produit dans les eaux; et cependant cette enceinte réservée aux plaisirs des princes avait un aspect désolé qui annonçait le passage de la guerre. On voyait encore de loin en loin la fumée qui s'élevait des foyers à demi éteints des bivouacs de la garde impériale, qui, depuis quelque temps, campait autour de ce séjour. Des arbres avaient été arrachés, et les débris de leurs feuillages naissans jonchaient le sol couvert d'affûts brisés, de canons et de caissons vides et ouverts. Si le sang n'a point coulé sur ces pelouses verdoyantes, on reconnaît du moins qu'une armée en désordre est venue un moment y planter ses tentes.

Un seul personnage, remarquable par le caractère grave et mélancolique de sa physionomie guerrière, animait ce paysage délicieux où l'homme semble avoir lutté avec la nature pour en augmenter les beautés. C'était un soldat; il portait cet uniforme aux trois couleurs, dont un aigle décorait les boutons, et que la vieille garde impériale a illustré dans tant de belles journées. La croix d'honneur brillait sur sa poitrine, et son bonnet à longs poils, son havresac et son fusil étaient sur le gazon auprès de lui. Il était assis sur une caisse renversée, où sans doute avait fleuri quelque plante apportée de Syrie et dont notre pâle soleil avait glacé les pores.

Il était dans la force de l'âge, mais son teint hâlé, l'épaisseur de ses noires moustaches et de ses sourcils, et surtout la profonde tristesse qui sillonnait ses traits, leur donnaient toute l'apparence d'une vieillesse anticipée. Il essuya la sueur qui coulait de son front, et l'on aurait dit que venant de se livrer à quelque exercice fatigant, il avait besoin de chercher dans cet endroit solitaire la fraîcheur et le repos. Enfin il croisa ses bras sur sa poitrine, se leva un moment, se rassit encore, et finit par cacher son front dans l'une de ses mains, comme s'il eût été à la fois honteux de ces mouvemens précipités, incohérens, et qu'il eût voulu se rendre compte des vagues et tristes pensées qui l'absorbaient.

— Le général est un homme juste, dit-il d'une voix légèrement altérée, j'ai eu tort de lui faire des reproches aussi violens; oui, un vieux soldat comme moi a pu oublier un moment le respect qu'il doit à ses chefs... L'empereur est encore le maître, il le sera toujours pour tous les braves qu'il a commandés; il ne m'a point désigné... on partira sans moi... ce sera la première fois que je n'aurai pas suivi l'aigle de mon bataillon... Non, non, cela ne se peut pas. Si l'empereur ne sait pas mon nom, puis-je en vouloir au général de m'avoir oublié?... Au fait ceux qu'il a choisis valent peut-être mieux que moi, et je suis tranquille... ils ne le trahiront pas ceux-là! Mais il faut que je parle à l'empereur, nous verrons s'il consentira à me laisser ici... et lui!... pourquoi part-il? quelle bataille avons-nous perdue!.. on le trompe... on le vend... mais c'est peut-être une ruse de guerre!...

Cette dernière pensée sembla lui faire oublier tout à coup le chagrin qui l'accablait, son front se dérida et un rire bruyant souleva sa moustache. Depuis quelque temps un autre personnage qui s'était introduit sur le lieu de cette scène écoutait en silence les paroles que le mécontentement arrachait au soldat.

Une porte pratiquée dans un des angles de la façade qui regarde le parc, s'était ouverte brusquement, et un homme s'était comme élancé sur la pelouse voisine. Il était dans un état d'irritation ou de désordre qui ne ressemblait point cependant à l'une de ces affections morales telles qu'elles se présentent ordinairement dans quelques situations de la vie privée ; c'était une lutte entre la vie et la mort, une sorte de paroxisme inexplicable et pour lequel la science n'a pu inventer aucun mot...

Sa taille n'était point au dessus de la taille ordinaire, mais il y avait dans sa démarche et dans ses poses expressives quelque chose d'héroïque et de puissant qui faisait oublier sa stature vulgaire ; sa tête était découverte ; ses cheveux noirs comme l'ébène, et que dans quelques parties les soucis du pouvoir, plutôt que les années, avaient semé de teintes grisâtres, étaient courts et rares. Une seule mèche s'arrondissait sur le haut de son front large, comme pour en faire mieux ressortir la beauté majestueuse. Sa bouche était petite, mais ses lèvres minces et pliées disparaissaient habituellement dans ce mouvement nerveux que cause l'élaboration de la pensée. Leur mobile froissement exprimait tour à tour le sourire bienveillant d'un homme simple et bon, ou le mépris ironique d'un maître irrité et qui ne daigne pas se venger. Mais c'était dans ses regards que la nature avait surtout écrit ses passions et son génie; ses sourcils étaient rapprochés sur deux concavités osseuses à la solution desquelles brillaient ses yeux, vifs et pénétrans. Nul n'aurait pu en supporter l'examen scrutateur, ils semblaient avoir reçu le mystérieux pouvoir de lire jusqu'au fond du cœur au travers de son enveloppe matérielle. Il y avait dans la physionomie de cet illustre personnage un mélange indéfinissable de douceur et de fierté, de clémence et de colère qui révélait cependant la vaste intelligence dont il était doué et qui commandait tour à tour la crainte, le respect et l'amour. Elle annonçait à la fois la mâle austérité d'un républicain et l'orgueil irritable d'un despote. C'étaient les traits de Brutus animés par le génie de César! On sentait auprès de lui que sa haute fortune n'était point l'œuvre du hasard, et qu'il était né pour elle. Sa supériorité inexplicable, comme les grandes œuvres de Dieu, se décélait dans ses moindres actions et dans toutes ses paroles. Aussi à l'époque où sa gloire l'éleva si haut, les peuples, que ses malheurs n'ont point encore détrompé, lui attribuèrent dans leur enthousiasme une nature et une mission divines; et cependant ce n'était qu'un homme, car les misères de ses derniers jours ont presque surpassé les miracles de sa puissante jeunesse!

Le premier regard qu'il jeta autour de lui avec une sorte de tristesse et d'hésitation lui permit d'apercevoir le grenadier. Il avait depuis long-temps l'habitude de causer familièrement avec ses braves soldats; c'était peut-être un besoin pour lui d'entendre parler des hommes dont le langage à la fois naïf et sévère le consolait des basses flatteries de ses courtisans. Mais dans ce moment où son âme devait être ébranlée par tant de coups affreux, il lui parut plus doux encore de s'entretenir avec un de ses vieux compagnons de dangers et de gloire, et d'ailleurs il les aimait tendrement, ils étaient une partie de lui-même, et l'affliction profonde dans laquelle celui-ci paraissait plongé était un motif qui le détermina à l'aborder. Il le frappa familièrement sur l'épaule; le grenadier se retourna, mais lentement et sans manifester aucune émotion; il se leva aussitôt avec toute la précision militaire, et plaçant horizontalement le revers de sa main sur son front :

— Ah! c'est vous, Sire, dit-il avec simplicité, j'aurais voulu que votre main eût été un boulet de vingt-quatre; sans vous commander, Sire.

— Pourquoi cela? dit Napoléon en souriant tristement.

— Parce que je ne verrais pas tout ce que je vois, parce que je ne resterais pas en France quand vous partez, quand mes camarades vous suivent; oh! cela fait mal.

— J'ai cru t'entendre murmurer; grenadier, le temps où vous vous fâchiez contre moi est passé. Que faisais-tu là?

— Sire, je me mettais en colère; je viens de vous le dire, le général a choisi ceux qui doivent aller là-bas... n'importe! cela ne fait rien, c'est avec vous toujours, et mon nom ne se trouve pas sur la feuille de route. C'est un passe-droit, c'est une injustice! je n'ai jamais été puni, Sire, je n'ai jamais été à l'hôpital durant plus de huit jours, quand une balle m'a mis de côté. Ainsi je suis bien aise de vous voir, Sire; vous direz quelques mots au général et tout s'arrangera. Voyez-vous, on n'agit pas ainsi avec un vieux soldat... et voilà, Sire.

— Mais si le général a suivi mes intentions.... je ne serai plus riche, mon brave, je n'aurai ni pensions ni récompenses à accorder; je ne veux pas que mes anciens compagnons souffrent, qu'ils soient malheureux sous mes yeux..... Oui, ajouta-t-il en soupirant, ils resteront en France, le soleil du pays leur fera du bien.

— Et si ça leur fait plaisir de souffrir pour vous, Sire? ceux qui vous demandaient toujours des pensions et des récompenses resteront ici pour en demander à l'empereur qui vient d'Angleterre; laissez-nous suivre le nôtre, avions-nous des pensions dans le temps, en Egypte, à Marengo?.....

Napoléon écoutait avec une joie secrète ces étranges plaintes que la conscience du dévouement militaire arrachait au grenadier ; la brusquerie, la franchise de ses manières, la liberté avec laquelle il lui parlait, tout cela lui plaisait et remplissait son cœur des souvenirs du passé. Il savait qu'il n'avait rien à craindre de la familiarité des soldats ; il y avait entre eux et lui une fraternité d'armes qui semblait la justifier ; mais il n'y a pas d'exemple que malgré le privilége dont ils jouissaient, aucun d'eux se soit jamais écarté du profond respect qu'il inspirait. A peine le grenadier eut-il prononcé le grand nom de Marengo, que l'empereur jeta sur lui un de ces regards de feu précurseurs de quelque noble pensée.

— Nous verrons, dit-il en employant ce ton bref et imposant qui lui était habituel. Comment te nommes-tu ?

— Lambert Etienne-François, répondit le grenadier, trente-neuf ans, vingt-cinq ans de service, presque autant de campagnes que Votre Majesté, huit blessures, décoré à Austerlitz sur le champ de bataille.

— Simple soldat !..... dit l'empereur avec un mouvement de surprise et de mécontentement.

— Grenadier, Sire ! dans la première compagnie du premier bataillon de la vieille garde, ajouta le soldat en relevant avec orgueil son front bruni par le soleil.

— Tu as raison d'être fier de ce titre, il en vaut bien un autre, il retentira dans la postérité.

— C'est vrai, Sire.

— Lambert !..... je connaissais ce nom-là.

— Ah ! je le disais bien.... Sire, ça me fait plaisir......

— Où as-tu commencé ? quelle est l'affaire où tu as vu le feu pour la première fois ?

— Avec vous, Sire, à Arcole.

— A Arcole ! tu étais à Arcole !... mais tu étais bien jeune. Dans quel endroit ?

— Auprès de vous, Sire, répondit le soldat en baissant les yeux avec modestie.

— Ce fut une grande journée !... je me souviens de ce moment terrible où la mitraille ayant balayé le pont...

— Notre général s'empara du drapeau, et marcha seul en avant quand les braves grenadiers d'Italie trouvaient que l'affaire était chaude.

— Un jeune tambour, un enfant battait la charge à mes côtés...

— C'était moi, Sire.

— J'ai cru le voir tomber.

— Le boulet n'emporta que ma caisse; je fis un beau plongeon dans l'Adige, et je me retrouvai de l'autre côté pour voir courir les Autrichiens et pour crier vive la république !...

— Ils ne comprendront jamais de pareils hommes !... murmura Napoléon en regardant avec admiration ce témoin inconnu d'une de ses premières et de ses plus belles actions militaires, tandis que le brave Lambert attendait en silence qu'il plût à l'empereur de l'interroger de nouveau.

— Et depuis ce temps, Lambert, reprit Napoléon, tu n'as peut-être pas revu ta famille, ton pays?

— Je n'ai pas eu le temps, Sire; mon père était un vieux soldat, je ne sais pas écrire, et je n'ai jamais eu de ses nouvelles. Tout de même quand mes camarades recevaient des lettres du pays et qu'ils parlaient de leurs parens, je n'étais pas solide, Sire, ça me prenait furieusement... là... au cœur.

— Cela ne m'étonne pas,... un soldat d'Arcole! dit plusieurs fois l'empereur en marchant avec agitation, les mains croisées par-derrière. Eh bien! reprit-il, le moment est venu de satisfaire tes désirs, tu peux revoir ton vieux père et ton pays,... le sénat ne vous a-t-il pas tous dégagés de vos sermens?

— Sire, je suis bien fâché, mais ça ne se peut pas.

— Tu es donc mécontent de ton sort? et moi cependant je ne me plains pas du mien.

— Chacun a son goût, Sire, mais si j'étais

à votre place, je ne serais pas plus content de votre sort que je ne le suis du mien, si vous voulez permettre, Sire.

— Explique-toi franchement et en brave grenadier de ma garde, que ferais-tu, si tu étais à ma place?

— Oui, Sire. D'abord il ne faut pas me parler de votre sénat, ce mot seul me met en colère. Le sénat! mais n'est-ce pas vous qui l'avez fait, Sire? est-ce le sénat qui nous a commandés si long-temps? est-ce le sénat qui nous a menés en Egypte, en Italie, en Allemagne, en Russie? Nous ne le connaissons pas, Sire, et nous ne pouvons lui obéir. Mais tout est donc fini, Sire?... nous ne pouvons y croire, il vous reste assez de soldats pour chasser de Paris ces Russes et ces Prussiens, et d'ailleurs la France est assez grande...

— Je te comprends : mais cela n'est pas possible. Les Français sont las de la guerre, ils croient qu'en la faisant je ne voulais que satisfaire mon ambition... la seule que j'aie eu a été de les rendre le premier peuple du monde. Moi!... mais n'étais-je pas parvenu au plus haut degré de prospérité et de grandeur que puisse occuper un homme ?...

— Ah! Sire, s'écria le grenadier en observant l'empereur avec attendrissement, on peut bien dire qu'ils ne vous connaissent pas ceux qui vous jugent ainsi. Il faut leur pardonner, Sire, parce que le peuple est bon, voyez-vous, et il faut avouer que depuis quelque temps il a eu bien à souffrir. J'aime les paysans, moi, Sire, ils partageaient avec nous leur pain et leur lit, mais les traîtres!... je les ferais tous fusiller.

— Non, non, Lambert, répondit Napoléon d'un ton grave et mélancolique, il faut pardonner à tout le monde. Ceux que j'avais élevés jusqu'à moi, étaient nés comme toi, mon brave, dans un rang obscur; la fortune a corrompu leur cœur : attachés maintenant à leur nouvelle position, ils ne peuvent y renoncer, cela se conçoit parce que cela est dans la nature. Mais la trahison profite peu à ceux qui s'en rendent coupables, ils me regretteront avant quelques mois, ce sera là leur punition. Mais laissons cela ; tu désires donc bien vivement t'attacher à mon sort et me suivre à l'île d'Elbe ?

— Ah ! partout, Sire, partout où vous irez Étienne-François Lambert doit être à la portée du fusil.

— Mais ton père, Lambert, ton vieux père, qui peut-être vit encore et qui te reverrait avec tant de joie ! n'y penses-tu donc pas ?

— Sire, je mentirais et je serais indigne de mes épaulettes de grenadier si je disais le contraire. Depuis quelque temps, quand je m'endors sur le lit de camp ou au bivouac, je rêve aux montagnes où je suis né,... mais pardon, Sire...

— Non, non, continue... je ne suis plus ici l'empereur Napoléon, je suis un vieux soldat comme toi... parle,... comment es-tu parti?

— Ma foi, Sire, puisque Votre Majesté le veut, je lui dirai qu'un beau jour, je polissonnais avec une douzaine de garçons de mon âge, lorsque nous entendîmes le bruit du tambour. C'était le premier bataillon de l'Isère qui traversait notre village et qui se rendait à l'armée d'Italie. C'étaient de fameux soldats, Sire. Tout çà courait en chantant la Marseillaise. Je marchai à côté du tambour major jusqu'à une lieue du pays, et ma foi le major me dit : — Lurron, veux-tu servir la république? allons prends une caisse et en avant! Oui, citoyen, lui répondis-je, et j'allai avec les autres. Le soir j'étais déjà bien las, mais comme j'avais peur de recevoir une distribution... vous savez bien de quoi, Sire, je n'osai plus revenir à la maison.

— Plus d'un héros a commencé comme toi, dit Napoléon en souriant. Mais je veux te prouver qu'il est des sentimens qui l'emportent dans l'homme sur ses affections les plus vives, sur ses devoirs même. Je te donne rendez-vous à l'île d'Elbe; mais j'exige que tu ailles te reposer quelque temps dans le sein de ta famille.

Le grenadier ne répondait pas, son regard était fixe, et une profonde tristesse se manifesta tout à coup sur ses traits francs et ouverts.

— Eh bien, reprit Napoléon, que penses-tu de mon projet? Sommes-nous d'accord?

— Sire, douteriez-vous de moi? Cela ne serait pas bien, et j'aimerais mieux mourir que de le croire.

— Non, mon brave, mais je t'aime, vois-tu, comme tous tes camarades, et je ne veux pas que le dévouement à ma personne, dont Dieu seul sait combien je suis touché, soit jamais, pour un seul de mes soldats, l'objet d'un regret. Je veux que tu revoies ton père et le village où tu es né. Après une si longue absence, après avoir éprouvé tant de dangers et assisté à tant de batailles, je sens que le repos doit paraître doux. Tu verras, Lambert... Mais si tu reviens à moi, alors, ajouta-t-il en lui tendant la main, ce sera entre nous à la vie, à la mort.

— O Sire! mon empereur! s'écria le grenadier transporté d'enthousiasme et de bonheur, et en pressant sur ses lèvres la main de son illustre chef, j'aime tendrement mon vieux père, et si le bon Dieu me l'a conservé, je le reverrai avec joie; mais vous êtes celui du soldat; je veux vivre et mourir pour vous, Sire.

— Écoute, Lambert, je vois là-bas quelqu'un qui veut me parler, et qui trouve que notre conversation est trop longue, il faut que je te quitte. Tu m'as dit que ton père était un vétéran, je crois.

— Oui, Sire, il était à la bataille de Fontenoi, avant la révolution.

— Bien, bien. Es-tu riche?

— Il y a trois mois, Sire, que nous n'avons reçu le prêt. Mais ça ne fait rien, Sire, nous vous faisons crédit de bon cœur.

— Je le sais. En attendant, je veux que tu reçoives un à-compte, entends-tu? Je le veux et pas de réplique. Tu iras trouver le grand-maréchal, il te remettra de ma part cinquante napoléons...

— Oui, Sire.

Un aide-de-camp à qui l'empereur fit alors signe de la main, s'approcha de lui, et le salua militairement.

— Ah! c'est vous, Monsieur; je vous croyais déjà bien loin; je vois avec plaisir qu'on vous avait calomnié.

— Sire, répondit l'aide-de-camp en s'inclinant avec respect, je ne quitterai mon service qu'après le départ de Votre Majesté.

— Je vous en remercie, tout le monde n'a pas été aussi poli que vous. Eh bien! vous avez été à Paris, vous avez vu le comte d'Artois, en avez-vous été bien reçu?

— Oui, Sire : son altesse royale a daigné m'accueillir avec bonté.

— Je le crois, vous avez des droits à la protection et aux faveurs des Bourbons, toute votre famille avait émigré. Vous allez reprendre vos anciens titres; je n'avais pu vous les rendre, mon règne était une ère nouvelle pour la France, et non pas une restauration. La mission des Bourbons est différente de la mienne, je souhaite qu'ils l'accomplissent avec succès. Au reste, j'avais fait pour l'ancienne noblesse tout ce qu'il m'était possible de faire, j'ai peut-être même été trop loin, mais alors j'avais des plans que la fortune a renversés.

— Sire, veuillez croire à mes profonds regrets...

— Il suffit, Monsieur, reprit l'empereur avec dignité.. Que me voulez-vous?

— Le grand-maréchal est inquiet de votre absence, Sire, et je suis chargé par lui de vous prévenir que tous les ordres de Votre Majesté sont exécutés.

— Ils sont donc bien pressés de me voir partir... Mais je suis encore le maître, je ne partirai peut-être pas! Précédez-moi, Monsieur. Adieu, Lambert.

— Au revoir, Sire, répondit le grenadier.

CHAPITRE TROISIÈME.

CHAPITRE III.

Le départ.

Quel est cet officier-général, dont la physionomie grave et sévère respire cependant la franchise et la probité? entouré de plusieurs aides-de-camp, il signe rapidement divers papiers qu'il remet aux jeunes officiers de service auprès de lui. Il paraît triste et soucieux, son teint brun donne peut-être à ses traits cette apparence de dureté qu'on y remarque au premier aspect; mais ses grands yeux bleus, le sourire habituel qui froisse ses lèvres et semble révéler le calme d'une belle âme, son front large et élevé, peu garni de cheveux d'un blond cendré, tout annonce au contraire que l'austérité militaire n'est à ses yeux qu'un devoir rigoureux qu'il a mission de remplir, et que l'indulgence et la bonté sont au fond de son cœur. Son habit brodé, croisé avec négligence, n'est boutonné qu'à demi, comme sa cravate noire est à peine roulée autour de son cou. Le nom de cet homme sera à jamais célèbre, il léguera à ses enfans la plus haute noblesse des temps modernes, car elle repose sur la fidélité au malheur; vertu de citoyen et de patriote que dans nos jours de discorde nous avons pu croire bannie de nos mœurs. Que ce nom soit donc honoré!... il doit être sur les lèvres du lecteur.

— Mon général, dit un aide-de-camp en se penchant sur la table où ce personnage écrivait, le grenadier au sujet duquel je vous ai transmis les ordres de l'empereur vous prie de le recevoir avant l'heure du départ.

— Je le veux bien, répondit le général; s'il est là, qu'on lui dise d'entrer.

Le brave Lambert, le sac sur le dos et en costume de route, portant le fusil comme un sous-officier, fut introduit dans la salle par l'aide-de-camp qui avait sollicité pour lui l'audience que le général lui avait accordée sur-le-champ.

— Merci, mon lieutenant, dit-il au jeune officier; et il s'avança au pas réglé par les ordonnances militaires jusqu'auprès de la table.

Le général continua à écrire, et évita d'abord de tourner la tête du côté où le grenadier se tenait ferme et attentif, et trop instruit dans les devoirs et les habitudes de sa profession pour se permettre, dans une circonstance de ce genre, d'adresser le premier la parole à son chef. Il paraît que le général voulut mettre à l'épreuve la patience du vieux soldat, qui après une attente assez longue commença à tousser à demi-voix pour se faire remarquer. Les officiers, témoins de cette scène, et qui paraissaient deviner l'intention du général, se parlaient tout bas entre eux et détournaient la tête en souriant. Enfin le général, probablement satisfait de la constance de Lambert, remit sa plume dans le cornet, repoussa les papiers qui étaient devant lui, et, appuyant ses deux coudes sur la table, il dit d'un ton de voix sévère :

— Que voulez-vous, grenadier? Mais avant tout, pourquoi n'êtes-vous pas à votre poste?

votre bataillon n'est-il pas dans la cour du palais?

— Mon général, j'ai demandé la permission au capitaine, attendu que j'avais deux mots à vous dire, si cela ne vous gêne pas, mon général.

— Eh bien donc, reprit le général, que me voulez-vous?

— Je viens vous demander, mon général, quelle punition vous m'infligez.

— Pourquoi donc cela? dit le général, qui tressaillit et dont les lèvres éprouvèrent une légère contraction; de quoi êtes-vous coupable?

— De vous avoir manqué de respect ce matin au point du jour, mon général, quand vous m'avez dit que je n'irais pas avec les autres dans cette île... que le diable l'emporte! j'ai oublié son nom.

— Je ne me souviens nullement, grenadier, répliqua le général avec gravité, que vous ayez manqué de respect au grand-maréchal. Aucun soldat de l'armée, mais surtout aucun grenadier de la garde, ne voudrait commettre une pareille faute; ainsi vous vous trompez sans doute.

Lambert fit un mouvement involontaire qui, se communiquant à son arme, occasiona un léger bruit qui retentit dans la salle; ces paroles allaient droit à son cœur.

— Mon général, reprit-il en rougissant, ce sera la première fois depuis vingt-deux ans que j'aurai été puni, parce qu'avant ce temps-là, quand j'étais tambour dans les volontaires de l'Isère, j'ai été plus d'une fois à la salle de police. Oui, mon général, ce matin... Vous aviez peut-être du chagrin, car vous ne m'écoutiez guère, et moi, je n'étais pas content. Je vous demande pardon, mon général, et j'attends ma punition.

— Je vous répète, grenadier, que je ne puis vous condamner à aucune peine...

— Vous me pardonnez donc, mon général?...

— Non; une faute du genre de celle que

vous me dites avoir commise ne pourrait se pardonner, je manquerais à mon devoir si je la tolérais. D'ailleurs, grenadier, l'empereur m'a ordonné de vous porter sur la liste des braves qui le suivent à l'île d'Elbe, et si vous aviez manqué à la discipline militaire, quelque bon soldat que vous soyez du reste, Sa Majesté n'aurait jamais consenti à vous voir dans leurs rangs.

— Mon général, répliqua Lambert avec un embarras qu'il n'essayait point de dissimuler, je comprends bien tout ce que vous voulez me dire, et si l'on peut compter sur la parole d'un soldat, vous devez être certain de ma reconnaissance. Mais il est donc bien vrai que l'empereur ne m'a pas oublié, et que mon nom est sur la liste?..

— Oui, Lambert, dit le général avec l'accent de bonté qui lui était naturel, oui, vous êtes des nôtres, et vous viendrez à l'île d'Elbe avec nous.

— Voilà qui va bien; j'irai au bout du monde, mon général. Vive l'empereur!...

— Ce n'est pas tout, grenadier, ajouta le général en quittant sa place pour s'approcher de Lambert, l'empereur vous accorde un congé dont la durée est abandonnée à votre volonté... Allons, Lambert, nous nous quittons aujourd'hui, donnez-moi votre main... Prenez, dit-il tout bas en lui glissant un rouleau, c'est de la part de l'empereur.

— Mon général... vous avez mille fois trop de bontés pour moi... Voilà une fameuse cartouche, ajouta-t-il, et depuis la guerre d'Espagne il n'y en avait pas eu de semblables dans la giberne d'un grenadier.

Lambert s'éloigna après avoir fait un nouveau salut militaire, et lorsque les plus jeunes des officiers présens à cet entretien lui eurent serré familièrement la main; marque d'intérêt que le soldat sait apprécier.

— Messieurs, dit le général en soupirant profondément, quand le grenadier se fut retiré, je crois que nous n'avons plus rien à faire ici : allons retrouver l'empereur.

La petite ville de Fontainebleau était remplie de militaires de toute arme et de tout grade. Le peuple des campagnes voisines, pour qui les courtes apparitions que Napoléon faisait au palais impérial depuis son avénement au trône, n'avaient jamais manqué d'être profitables, arrivait en foule, pour dire un dernier adieu à son souverain long-temps chéri. Des files nombreuses d'équipages et les voitures de la maison de l'empereur occupaient un long espace devant le palais; ce fut là que la foule se porta avec le plus d'empressement. Aux gens de la campagne, qui formaient la plus grande partie des groupes rassemblés sur ce point, s'étaient mêlés une foule de personnes appartenant à des classes aisées et qu'il était facile de reconnaître à leurs vêtemens. Mais au milieu de la douleur profonde qui se peignait sur toutes les physionomies, les rangs étaient confondus, car c'est dans les grandes infortunes publiques que la société semble ordinairement abandonner ses préjugés et revenir un moment aux lois de la nature et de la religion qui ont fait tous les hommes frères et égaux. Dans l'attente de l'événement mémorable qui devait signaler cette journée, chacun se communiquait avec franchise les pensées rapides et tristes que lui suggéraient les préparatifs imposans dont il était le témoin. L'observation naïve du pauvre artisan répondait au jugement plus motivé du riche propriétaire; tous les sentimens semblaient se réunir en un seul pour exprimer d'énergiques regrets sur la fin imprévue d'une si grande destinée. En ce moment de trouble et de vive émotion, on oubliait les maux de la France, les sacrifices sanglans qui lui avaient été imposés, pour ne s'occuper que de l'avenir; le doute remplissait tous les cœurs; et le caractère personnel de Napoléon, objet d'un juste enthousiasme, était encore le seul terme d'une espérance vague mais ineffaçable.

— Qui aurait pu prévoir tout cela il y a bien peu d'années? dit quelqu'un; j'ai vu des princes et de rois aussi nombreux que nous le sommes maintenant, et attendant à cette porte que l'empereur voulût bien les recevoir. Non, Napoléon ne part point pour l'île d'Elbe, comme tant de personnes l'assurent, et dans tous les cas, rappelez-vous que nous le reverrons.

— Cela est écrit! dit une voix dans la foule.

Cette observation fut à peine remarquée.

— Ah! Monsieur, répondit un paysan d'un âge mûr, tout cela ne serait pas arrivé si l'empereur ne se fût pas entouré d'anciens nobles et d'émigrés. Ces gens-là le servaient à contre-cœur; ils ne l'aimaient pas, Monsieur. Moi qui ai vu la révolution, je n'ai rien espéré de bon quand il a donné sa confiance à ceux qui avaient abandonné Louis XVI.

— Et la conscription, s'écria une femme, cette malheureuse conscription qui enlevait tous nos garçons!

— Fallait-il nous laisser prendre comme aujourd'hui, ma voisine? répondit un homme vêtu d'une blouse, et qui portait un ancien bonnet d'uniforme; l'empereur avait besoin de soldats, vous le voyez bien, maintenant que les autres ont réussi. Si tous ceux qui ont servi avaient pensé comme moi..., nous serions encore les maîtres partout... Paix! j'entends, je crois, le tambour.

— L'heure n'a pas encore sonné, reprit une voix qu'on avait déjà entendue, et dont l'accent grave et pénétrant fit involontairement tressaillir les acteurs de cette scène populaire.

— Vous avez été à la guerre, Maurice, continua la femme à qui l'ancien militaire avait répondu; mais combien d'autres sont partis et ne sont pas revenus comme vous?

— Ils sont bien heureux! murmura Maurice. Croyez-vous qu'il ne faudra pas des soldats au roi?

— On dit que le roi a aboli la conscription et les droits-réunis, s'écrièrent plusieurs personnes.

— Cela n'est pas possible, dit un personnage déjà âgé, et dont l'extérieur annonçait un rang élevé et des habitudes graves; écoutez, braves gens, il y a quelque chose de vrai dans les opinions que vous manifestez, mais vous vous trompez sur les causes qui ont perdu le général Bonaparte...

— Que dit-il donc, ce monsieur-là? comment appelle-t-il l'empereur?

— Je lui donne le titre qu'il n'aurait jamais dû quitter, reprit ce personnage sans s'émouvoir. La révolution qui en avait fait un grand homme, avait mis à sa disposition l'avenir de la France ; il a voulu jouer avec la fortune, il a perdu la partie. Rappelez-vous, mes amis, que la gloire militaire se perd aussi vite qu'elle s'acquiert. Que nous restera-t-il demain de tant de grandes victoires que nous avons remportées? Rien ; que des souvenirs qui perpétueront dans notre pays les discordes civiles. Mais si le général Bonaparte avait conservé les formes libres du gouvernement, à la tête duquel il se plaça par une coupable violence, il serait encore aujourd'hui le chef de l'état et le premier des Français, tandis que ce n'est plus qu'un roi détrôné. Donnez-lui quelques regrets, car il a fait aussi un peu de bien à la France, parce que c'était l'homme du pays, et qu'il représentait encore sur son trône, la révolution elle-même; mais n'aimez que la liberté. Pour moi qui ai vu le général Bonaparte s'emparer du pouvoir, je veux voir aussi comment il le quittera : ses baïonnettes ont fait le 18 brumaire, ses baïonnettes n'empêcheront pas le 20 avril.

Ces paroles prononcées avec une sorte de bonhomie sévère, avec l'accent de conviction d'un patriotisme pur et éclairé, produisirent un étrange effet sur ces groupes formés de tant d'élémens opposés. Des murmures confus s'élevaient autour de l'interlocuteur; le peuple alors ne comprenait plus ce langage : mais nul n'avait osé l'interrompre, et n'osa élever la voix quand il eut cessé de parler. Dans ce moment, un jeune homme qui portait l'uniforme d'un officier de la garde impériale, sortit du palais, et sembla chercher quelqu'un au milieu de la foule; il sourit en apercevant le personnage qui venait de parler, et lui fit signe de s'approcher. Il salua les personnes qui l'entouraient, et se rendant à l'invitation de l'officier, il entra avec lui dans la cour.

— C'est M.***, ancien conventionnel, dit tout bas un des assistans à son voisin.

— Sans doute, s'écria Maurice, c'est quelque ancien émigré, ou pour le moins un chouan; mais c'est égal, vive l'empereur!

— Vive l'empereur! répétèrent un grand nombre de voix.

— Et il l'aurait toujours été, ajouta une femme du peuple, s'il n'eût pas quitté sa bonne Joséphine. On peut bien dire que c'était son bon génie qu'il abandonnait pour une Autrichienne. La belle princesse vraiment, qui s'est sauvée avec le roi de Rome!

— Oui, oui, c'est très-vrai, dirent à la fois plusieurs individus; Joséphine était son bras droit. C'est ici à Fontainebleau, que le divorce a été résolu; c'est d'ici que Napoléon part pour l'île d'Elbe. S'il nous avait laissé notre impératrice, il n'en serait pas où il en est aujourd'hui.

Un éclat de rire sardonique se fit entendre dans la foule, et attira l'attention générale sur une femme d'un extérieur remarquable, et qui, par deux fois, avait mêlé quelques mots à cette sorte de discussion publique des titres de Napoléon aux regrets de la France. Elle était à cette époque de la vie qui n'est pas encore l'âge mur, mais qui déjà n'est plus la jeunesse. L'ampleur de ses formes était en harmonie avec sa taille élevée; ses traits auraient été ordinaires et peu dignes d'attention, s'ils n'eussent été animés par quelque mystérieuse passion imprimée dans son sourire équivoque, dans les plis que formaient sur son front les mouvemens brusques et continuels de ses paupières, dans ses yeux vifs et inquiets. Elle était vêtue avec une simplicité qui, sans la faire confondre dans les dernières classes du peuple, permettait cependant de supposer qu'elle n'était pas dans une position aisée. Elle sembla d'abord mécontente d'avoir été remarquée par un si grand nombre de personnes; mais après un moment d'hésitation, elle promena autour d'elle des regards assurés, et sembla défier l'orage qui la menaça aussitôt.

— Quelle est cette femme qui ose rire des malheurs publics? — C'est une espionne qui vient de Paris. — Chassons-la!.. Chassons-la!

— Allons, la paix! dit-elle en accompagnant

ces mots d'un sourire de mépris ; il ne dépend pas de vous de faire tomber un seul cheveu de ma tête.

— Il dépend de moi de vous faire taire, s'écria le vieux militaire en portant son poignet à la hauteur des yeux de cette femme.

— Éloignez-vous, éloignez-vous, cria-t-on de toutes parts; que faites-vous ici?

— Ce que je fais ici, reprit-elle avec véhémence; vous voulez le savoir... Il y a aujourd'hui cinq ans que j'y ai donné rendez-vous à l'empereur Napoléon. Le jour est venu, je suis à mon poste; l'heure n'est pas encore sonnée; il ne me manquera pas de parole lui-même.

Cet étrange discours fit naître dans la foule un étonnement général ; cette sensation rapide se manifesta sur toutes les physionomies. Quelques personnes haussèrent les épaules, présumant sans doute que cette femme n'était qu'une folle; mais les gens du peuple formèrent un cercle autour d'elle et l'examinèrent avec une respectueuse attention; quelques-uns d'entre eux se soulevèrent sur la pointe des pieds, en faisant signe de la main à ceux qui occupaient le premier rang, pour tâcher d'en obtenir une place un peu plus favorable auprès de la femme. Celle-ci fit entendre de nouveau le ricanement bizarre qui avait excité contre elle l'animadversion générale, quand elle s'aperçut du triomphe qu'elle venait de remporter.

— Chut! dit une femme d'une voix tremblante, cette dame va parler.

— Oui, reprit-elle en fronçant le sourcil, j'ai dit la vérité. (1) Il y cinq ans et sept jours que

(1) La plupart des biographes de Napoléon et des personnes qui ont vécu dans son intimité, assurent que cet homme extraordinaire, et dont l'âme se montra si supérieure à l'adversité, croyait cependant aux augures et à l'efficacité de plusieurs superstitions populaires. On a ensuite prétendu, peut-être sans fondement, qu'il avait eu plusieurs fois dans sa vie recours aux pratiques de l'astrologie judiciaire. Sans adopter ni rejeter cette opinion sur Napoléon, qui, au reste, ne ferait que lui supposer une erreur commune à plusieurs grands génies de l'antiquité, j'ai pensé qu'on me pardonnerait

j'eus une vision ; un homme vêtu de noir m'apparut et m'ordonna de me trouver, le plus tôt possible, mais le matin avant le lever du soleil dans le parc de Fontainebleau, pour révéler à l'empereur Napoléon la destinée qui lui était réservée. Je frémis malgré moi, mais il y avait long-temps que j'attendais une visite de l'esprit.... Vous ne saurez pas cela, vous ne devez pas savoir cela, s'écria-t-elle comme épouvantée de ce qu'elle allait dire.

Le plus profond silence régnait autour de cette singulière femme, et ses auditeurs, pâles et attentifs, n'osèrent troubler la méditation dans laquelle elle sembla tomber tout à coup. Après un court intervalle, pendant lequel elle parut prêter l'oreille comme pour recueillir un bruit éloigné, un sourire sardonique reparut sur ses lèvres, et elle continua ainsi son récit merveilleux :

— Je jurai d'obéir, et je donnai mon âme

de rapporter ici une anecdote peu vraisemblable, dont je déclare cependant que l'authenticité m'a été garantie par un personnage fort grave et digne de foi.

pour gage de mon serment. Alors l'homme noir me fit répéter trois fois ce que je devais dire à l'empereur lorsque je le verrais ; il m'indiqua aussi le signe auquel je pouvais le reconnaître, car un autre homme condamné à mourir de mort violente devait l'accompagner au moment de notre rencontre. Je vins donc à Fontainebleau, et durant plusieurs jours, chassée brutalement par les gardes, exposée à la risée des soldats, je tentai vainement de m'introduire dans le parc. Mais le pouvoir auquel j'obéissais était supérieur à tous les pouvoirs humains, et je parvins enfin à passer la nuit dans un massif du parc où je demeurai cachée à tous les regards. Je me promenais le matin dans une allée couverte, et méditant sur la mission qui m'avait été donnée, quand j'aperçus deux hommes qui venaient au devant de moi. Tout mon corps s'agita, une voix intérieure me disait que l'un de ces deux hommes était Napoléon. Ils parurent surpris de me trouver à une pareille heure dans ce lieu réservé. Ce fut le plus grand et le plus âgé qui m'adressa la parole. J'ai su depuis que c'était le prince de Neuchâtel : sa destinée s'accomplira.

— Que faites-vous ici? me dit-il.

— J'y suis venu, répondis-je, par une volonté indépendante de la mienne et plus puissante que la vôtre; j'y viens pour parler à l'empereur.

— Allons, c'est une folle, dit-il à son compagnon.

— Voyons ce qu'elle veut, répondit-il en jetant sur moi un regard plus brillant que l'éclair. Que voulez-vous dire à l'empereur? Vous pouvez parler.

— Voilà, Sire, ce qu'il m'est ordonné de vous révéler. Vous songez dans ce moment à vous séparer de votre épouse Joséhpine; si vous accomplissez ce fatal projet vous perdrez votre couronne et vous mourrez dans une île éloignée. Depuis le jour où cet acte sera consommé votre étoile pâlira dans le ciel et vous verrez s'éteindre les rayons du soleil d'Austerlitz. Le vent de l'adversité soufflera à la fois contre vous du midi et du nord. Vous perdrez laplus belle et la plu s forte armée qui ait jamais obéi à un seul homme. Votre seconde épouse vous rendra père, mais votre enfant n'héritera de vous que l'exil et l'esclavage. Vous serez trahi par tous ceux qui vous servent, abandonné par ceux que vous aimez, et c'est d'ici même, oui, du palais de Fontainebleau, que vous partirez sans couronne.

L'empereur regarda avec étonnement celui qui l'accompagnait.

— Et quand toutes ces belles choses arriveront-elles ? me dit-il.

— Dans cinq ans. Si vous méprisez mes avertissemens, dans cinq ans à pareil jour, je serai aux portes de ce palais; mais il ne sera plus temps.

Un roulement de tambours se fit entendre, et l'horloge du château sonna onze heures....

— Voici l'heure ! s'écria la femme, je ne puis vous dire le reste.

Elle pâlit tout à coup.

— Voyez!.. voyez!... reprit-elle avec égarement et en indiquant d'une main tremblante le principal guichet du château... Le voilà! l'homme noir!...

Un personnage d'une taille élevée, qui portait un vêtement noir et dont il fut impossible d'observer les traits, entrait effectivement dans la grande cour; ceux qui portèrent aussitôt leurs regards de ce côté le virent passer comme une ombre, et n'entendirent que le frôlement des fusils des sentinelles qui lui rendaient les honneurs militaires.

Cependant une scène frappante par sa grandeur et sa tristesse sublime va marquer cette journée mémorable du 20 avril 1814. Est-ce pour la dernière fois que l'aigle impériale déploira ses ailes d'or aux rayons du soleil? Est-ce un dernier adieu que Napoléon doit prononcer en se séparant des braves qui ont tant fait pour sa gloire? Le vague des souvenirs et de l'espérance dominera les sensations tumultueuses que fera naître cette entrevue solennelle du grand capitaine avec ses soldats. Il y aura tant de choses dans ses paroles, dans son regard, dans son maintien, que tous les acteurs de ce drame, ouvrage du destin, s'étonneront de sa réalité, et douteront encore que la puissance ait manqué à cet homme. Les chefs étrangers qui seront venus contempler le coucher de cet astre éclatant, avec une joie secrète dans le cœur, sentiront se briser leur longue haine contre son inflexible dignité. Un moment encore il n'aura pas d'ennemis, un moment encore il sera le maître du monde; aussi grand que César, plus intrépide que Sylla, Napoléon à cette heure suprême semblera déposer sa couronne impériale comme un insigne inutile au rang où son génie l'avait fait monter.

La garde impériale, malgré les ravages que la mort a faits dans ses redoutables rangs, forme encore un immense carré, au centre duquel quelques chefs tristes et mornes se promènent silencieux et préoccupés. Toute la gloire de la France est présente dans cette enceinte. Soldats et généraux, tous ont des droits à la reconnaissance, aux respects de leur pays. Il n'est point de grande journée où, depuis bientôt trente ans que la France combat pour son indépendance et pour sa liberté, quelques-uns de ces vétérans n'aient assisté. Plusieurs d'entre eux, remarquables par les chevrons d'or qui décorent leur uniforme, ont combattu à Jemmapes et à Fleurus; d'autres ont commencé à Montenotte, à Lodi, à Arcole. Ceux-ci ont planté l'étendard national sur le sommet des pyramides, ceux-là ont vu les beaux jours de Marengo et d'Austerlitz. Mais tous, sans exception, appartiennent à une race d'hommes énergiques et intrépides, qu'aucuns travaux n'étonnèrent, qu'aucunes fatigues n'accablèrent, dont aucun revers n'abattit le courage. L'histoire, en racontant un jour les prodiges qu'ils ont accomplis, ne leur reprochera qu'une erreur généreuse, mais qui fut fatale à la liberté. Leur chef se servit de leur gloire pour opprimer leur pays, et ils concentrèrent toutes leurs affections d'hommes et de citoyens dans l'aveugle dévouement que son génie leur inspira.

Mais du moins ils ne démentirent jamais l'éclatante renommée qui les environna. Modérés après la victoire, ils ont souvent rappelé à l'Europe soumise ces nobles chevaliers auxquels la France rattache les souvenirs d'une autre gloire. Formidables sur les champs de bataille, si une fois par hasard, au milieu d'une aussi longue lutte, ils furent contraints de céder au nombre, leurs ennemis admirèrent leur valeur sans égale : et de tant de peuples qu'ils ont combattus, la Presse britannique a pu seule se déshonorer en les insultant. Ils étaient l'orgueil et la joie de leur pays; astreints à la discipline, ils savaient en s'y conformant conserver la franchise des hommes libres. Seuls en France, sous le sceptre jaloux de Napoléon, ils avaient pu garder le droit de se plaindre et de murmurer. Aucun d'eux ne dégrada jamais par les vices des garnisons et des camps cet uniforme dont ils étaient si fiers. C'étaient des soldats qui semblaient posséder le secret de leur empereur. Ils avaient sa gravité et l'austérité antique de ses mœurs; par une sorte de raisonnement sympathique et instantané, ils s'en reposaient sur lui de l'avenir et du sort des batailles, comme lui ne comptait que sur eux; car dans les inspirations de son génie, le courage et l'audace de ses troupes formaient la base la plus sûre de tous ses plans. La parole de leur général était pour eux un arrêt du destin ; ils croyaient en lui comme dans un pouvoir placé hors de toutes les chances des destinées de l'homme. Dans le fanatisme de leur gloire militaire, mélange inexplicable d'insouciance et d'ambition, le titre de roi ne leur paraissait qu'un grade ajouté par l'empereur à la hiérarchie des rangs qui leur étaient ouverts, et auxquels ils avaient droit de prétendre. Ils regardaient tous les peuples comme des vassaux de l'empire français, tous les souverains comme les lieutenans et les feudataires de leur chef. Ce n'était point en eux la conséquence d'une idée mystique, semblable à celle qui donna le monde aux Romains; c'était une conviction profonde, puisée dans des faits matériels.....

Et maintenant ces hommes prodigieux, qui durant tant d'années avaient soumis la fortune à la puissance de leurs armes, s'éveillent à peine au bruit de leur chute, et ne peuvent se séparer des illusions du songe qui a bercé leur vie aventureuse. Cependant, sans comprendre le désastre dont ils sont les témoins, ils sont forcés d'en reconnaître les funestes conséquences. Ils sentent la force du coup, mais ils ignorent la main qui les frappe. Dans peu d'instans la voix révérée de leur illustre chef va retentir dans cette vaste enceinte, et comme sur les champs de bataille, les paroles de feu qu'elle fera entendre descendront dans leurs cœurs. Dans l'attente triste et douloureuse de ce moment décisif, chacun de ces valeureux vétérans s'abandonne à la douleur solitaire de ses pensées. Voyez-les tous appuyés sur leur arme glorieuse, l'œil humide et fixé vers la terre, le front sourcilleux et consterné; aucune exclamation même légère, aucune parole prononcée à voix basse, ne trouble le silence grave et solennel de leurs rangs attristés. Quelques profonds soupirs et des malédictions inachevées viennent quelquefois seulement expirer sur leurs lèvres; mais ils ne songent point à se communiquer le sujet de leur secrète méditation. Le même sentiment oppresse leur âme, la même idée préoccupe leur esprit.

Oh! qui pourrait nous révéler les pensées ensevelies dans ces cœurs généreux? Mais c'est en vain que la postérité, avide des émotions de cette grande époque, demandera compte à l'histoire de ces détails précieux. Perdus à jamais au milieu de ce naufrage de la gloire française, leurs secrets sentimens resteront inexpliqués ; aucune imagination humaine ne retrouvera leur touchante expression ; nous ne serons jamais initiés aux regrets amers de leur dévouement absolu...

Au pied du grand escalier du palais de Fontainebleau, il est une foule nombreuse d'officiers-généraux et de hauts fonctionnaires, qui attendent le bon plaisir de Napoléon ; car, fidèle à lui-même, il ne veut pas que son départ ressemble en rien à l'exécution d'une autre volonté que la sienne. Jusqu'au moment où il voudra quitter les appartemens qu'il habite, il s'occupera avec ceux qui sont restés attachés à sa personne d'objets tout-à-fait étrangers à l'événement important de cette journée. Les commissaires des puissances coalisées sont au milieu de ces groupes dorés et agités où Napoléon conserve bien encore quelques amis, mais où l'amour que lui portent ses fidèles soldats ne saurait exister dans son noble désintéressement. Tout à coup un murmure confus s'élève de cet endroit, il fait bientôt place au silence et à l'attention : Napoléon va paraître. »

Un général lève son épée au-dessus de sa tête, et le tambour fait entendre un long roulement.

— Garde à vous ! s'écrie-t-il d'une voix émue... armes !..

On n'entendit que ce dernier mot, mais un bruit belliqueux et rapide annonça que la garde impériale avait deviné le commandement et qu'elle l'avait exécuté avec sa précision habituelle.

Un chambellan s'avança sur le perron :

— Messieurs, dit-il, l'empereur !

Tous les fronts se découvrirent, et Napoléon parut au haut du grand escalier.

Il était vêtu de l'uniforme vert qu'il affectionnait, la grande plaque de l'ordre de la Légion-d'Honneur brillait sur sa poitrine. Le calme le plus profond semblait régner sur ses nobles traits; on aurait dit que, faisant reculer la marche du temps et des destins, il allait assister dans la plénitude de sa puissance et de sa gloire, à une revue militaire. Il voulait se montrer ainsi supérieur à la fortune et au malheur; mais dans quelques instans, et en présence de ses vieux compagnons, la nature reprendra tous ses droits sur son âme ardente et généreuse.

Napoléon descend le grand escalier avec toute la gravité d'un souverain; le trouble involontaire de son cœur échappe à tous les regards, qui se repaissent de sa présence, avec une sorte d'avidité. L'humanité à laquelle il sembla si long-temps supérieur, l'attend à cette grande et dernière épreuve, pour le faire venir jusqu'à elle. Mais il y eut toujours en lui quelque chose d'imprévu, et s'il redevient homme, l'émotion déchirante qu'il montrera n'aura pas du moins le caractère d'une indigne faiblesse.

Les rangs de la garde se sont ouverts, Napoléon va les parcourir suivant son habitude. En pénétrant dans ce rempart de baïonnettes qui s'inclinent encore devant lui, le sentiment douloureux qu'il éprouve se manifeste par une agitation soudaine dont il ne peut se rendre maître. Cependant il s'avance, mais lentement; il semble goûter dans un sombre recueillement la jouissance triste des souvenirs. Chaque soldat lui rappelle un jour de combat ou une victoire; ces illustres guerriers, profondément affligés, le voient passer en silence et en baissant leurs yeux pleins de larmes. On dit qu'il n'adressa la parole à aucun d'eux, et qu'aucun d'eux ne prononça quelques mots d'adieux... Arrivé devant le bataillon qui devait le suivre à l'île d'Elbe, Napoléon s'arrêta tout à coup, fit un signe de la main à ces braves et se plaça au centre du carré, dont les lignes se rapprochèrent de lui. Le plus profond silence régnait dans l'enceinte; on devinait que Napoléon allait parler, et que, suivant une de ces belles et pittoresques expressions qui lui échappaient si souvent, il allait faire de l'histoire. Il ne trompa point cette attente : il sembla se recueillir un moment; plaçant ensuite une main sur son cœur comme pour indiquer la source des pensées qu'il voulait peindre, et jetant autour de lui un regard triste mais imposant, il parla ainsi d'une voix assurée (1) :

— Soldats ! je vous fais mes adieux. Depuis vingt ans que nous sommes ensemble, je suis content de vous; je vous ai toujours trouvés au chemin de la gloire... Toutes les puissances de l'Europe se sont armées contre moi, quelques-uns de mes généraux ont trahi leur devoir et la France, elle-même a voulu d'autres destinées. Avec vous et les braves qui me sont restés fidèles, j'aurais pu entretenir la guerre civile; mais la France eût été malheureuse ! Soyez fidèles à votre nouveau roi, soyez soumis à vos nouveaux chefs, et n'abandonnez point notre chère patrie. Ne plaignez pas mon sort : je serai heureux lorsque je saurai que vous l'êtes vous-mêmes. J'aurais pu mourir; si j'ai consenti à survivre, c'est pour servir encore à votre gloire : j'écrirai les grandes

(1) De toutes les versions qui ont été publiées de ce discours si remarquable, j'ai préféré emprunter celle de M. de Norvins. Cette scène, que j'ai essayé de peindre, est rendue dans l'ouvrage de cet honorable écrivain avec une supériorité que je m'empresse de reconnaître. Mais nos missions étaient différentes,

choses que nous avons faites... Je ne puis vous embrasser tous, mais j'embrasse votre général : venez, général Petit, que je vous presse sur mon cœur.

Le noble vétéran s'approcha de l'empereur qui se jeta dans ses bras comme un ami sincère qui part pour un voyage dont le retour est incertain ; il sembla en effet dans ce moment, et suivant l'expression de Napoléon, qu'il donnait en même temps à tous ses soldats cette marque de reconnaissance et d'attachement. Le général, vivement attendri comme tous les braves témoins de cette scène, éprouva la plus grande peine à se séparer de l'empereur ; il ne put prononcer un seul mot et porta sa main sur ses yeux pour dérober les larmes qui sillonnaient son visage guerrier.

— Qu'on m'apporte l'aigle ; que je l'embrasse aussi, ajouta Napoléon.

Alors on vit sortir des rangs l'officier qui portait cet étendard glorieux, et l'aigle s'abaissa devant celui qui avait si long-temps dirigé son vol. Il s'en empara, la pressa sur son cœur et y porta plusieurs fois ses lèvres.

— Ah! s'écria-t-il, chère aigle, puisse le baiser que je te donne retentir dans la postérité! Adieu, mes enfans, mes vœux vous accompagneront toujours : gardez mon souvenir!

Ce fut dans ce moment déchirant que l'âme forte et inébranlable de Napoléon succomba sous le poids des nobles émotions qui l'agitaient. Il pleura... comme tous les braves qui l'entouraient et qui, d'une voix étouffée par les sanglots, remplissaient l'air des cris de vive l'empereur! On assure que les commissaires des puissances alliées ne purent eux-mêmes échapper à l'impression touchante que produisirent dans cette scène, qui semble appartenir aux temps héroïques, l'attendrissement de Napoléon et les larmes de ses vieux soldats. Le commissaire anglais fut surtout remarqué par le vif assentiment qu'il donna aux regrets qui devaient accompagner l'empereur. Ainsi cet homme honorable protesta d'avance à la face du monde contre l'ineffaçable infamie dont son gouvernement ne tarda pas à se souiller. Napoléon ne chercha point à cacher ses pleurs, ils étaient la preuve de la sympathie qui unissait ses sentimens à ceux de ses soldats, et debout au milieu de cette foule attendrie, il reçut avec émotion les adieux de ses braves, qui s'inclinèrent devant son front privé de la couronne, mais que la douleur avait empreint de sa majesté sacrée.

CHAPITRE QUATRIÈME.

CHAPITRE IV.

La jolie fille d'Orgon.

La nouvelle de la restauration des Bourbons excita dans la plupart des contrées méridionales de la France une exaltation frénétique, semblable plutôt au délire de la vengeance qu'à la joie vive, emportée, insouciante, naturelle aux habitans de ces heureux climats...Mais je ne réveillerai point ici d'amers souvenirs : une grande distance sépare les folies de cette époque des excès que les sanglantes annales de 1815 transmettront au jugement sévère de la postérité. Que la justice politique, plus cruelle cent fois que la tyrannie, ait alors absous de grands coupables et cherché parmi d'odieux assassins, des défenseurs à la monarchie, c'est un malheur dont il faut gémir, un attentat que l'écrivain de notre temps ne peut flétrir qu'en passant. Terre de Provence et d'Occitanie, compte parmi tes jours néfastes ceux qui éclairèrent ces horribles saturnales...

Tout ce vaste pays auquel on donnait autrefois le nom de Langue d'Oc, séparé depuis tant de siècles du reste de la France, par ses mœurs, son langage et ses préjugés, était plongé dans l'ivresse de l'enthousiasme. La Provence semblait encore l'emporter par la démence de ses espérances et l'aveuglement de sa haine pour le chef déchu de l'empire. C'est sur un point de son territoire seulement que nous allons transporter le lecteur.

Vive le roi ! mort au tyran ! tels sont les cris qui, s'élevant des murs de Marseille, sont répétés avec une prodigieuse unanimité par les habitans de la Provence. Les campagnes rivalisent de zèle avec les villes pour fêter le retour de cette antique dynastie que, célèbres par leur énergie révolutionnaire, ils avaient, en 1793, poursuivie de clameurs bien différentes. Partout les travaux ont cessé. Dans les villes comme dans les villages, les populations se pressent sur les promenades et les places publiques. Le chant et la danse, sans lesquels il n'y a dans le midi ni fêtes ni plaisirs, célèbrent l'avénement de Louis au trône de ses pères. Des milliers de jeunes filles vêtues de blanc et couronnées de fleurs, forment au bruit du tambourin d'immenses *farandoles* en frappant les airs de leurs cris de joie. Les jeunes gens, que l'abus désolant de la conscription impériale avait rendus ennemis d'un gouvernement militaire, redeviennent tout à coup belliqueux. Au son du canon qui annonçait l'humiliation de la France et la paix générale, de nombreux bataillons de volontaires se forment tout à coup. Leur valeur se borne d'abord à promener dans toutes les localités le drapeau blanc et le buste du roi. Ennivrés de leurs victoires, ils veulent bientôt ajouter à leurs trophées. Ils traînent sur la claie une grossière image de Napoléon, et arrachent les emblêmes impériaux aux soldats qui revenaient montrer à leurs concitoyens les blessures reçues pour la patrie. Malheur à celui qui ne s'associe pas à ces étranges provocations! Il faut que sur chaque maison, que sur la demeure du riche comme sur la chaumière du pauvre, les yeux de ces braves voient flotter un drapeau blanc. Il est en effet pour eux un gage d'impunité, et quand en 1815 ils recommenceront leur sanglante campagne, les lois se courberont devant leur tourbe insolente, et c'est à peine si leurs attentats seront censurés comme un excès de zèle.

Les habitans d'Orgon étaient dans cette disposition d'esprit, quand une nouvelle extraordinaire, celle du passage de Napoléon dans leurs murs, vint donner un cours inquiétant à cet enthousiasme populaire, qui du moins jusqu'alors était en quelque sorte justifié, malgré la présence sur le sol français d'un million d'étrangers en armes.

La petite ville d'Orgon, dont le nom, peu célèbre dans l'histoire de Provence, sera cependant recueilli par la postérité, à cause d'une circonstance imprévue qui se rattache aux événemens politiques de cette époque, et dont elle a été le théâtre ; Orgon est située à quelques lieues d'Avignon sur la route de Marseille. Elle est assise au centre d'un plateau couvert de vignes et d'arbres fruitiers, d'où l'on découvre la Durance qui baigne de ses eaux la fertile plaine de Cavaillon. Ce qui reste de la ceinture de vieilles murailles qui l'entourent et du fort qui la domine, rappelle l'origine féodale de cette ville. Son climat doux et tempéré, son territoire planté d'oliviers, d'amandiers et fertile en productions de toute espèce, en font un séjour agréable et où le voyageur aime à prendre un avant-goût de cette Provence que les poëtes ont fait plus belle que la nature. Napoléon qui avait jeté par toute la France quelque chose de sa gloire et de son génie, n'avait pas même oublié Orgon. Le canal qui féconde aujourd'hui le territoire desséché de cette ville, avait été achevé en 1813 sur ses plans et par son ordre. Ce canal prend les eaux de la Durance à Mallemort et les rend à cette rivière au dessous d'Orgon, après avoir parcouru une route souterraine et taillée dans le roc d'environ mille pas d'étendue. Ce fut probablement la difficulté de vaincre cet obstacle qui avait décidé Napoléon à terminer cet ouvrage digne de la patience des Romains, et qui avait été commencé long-temps avant son règne sous le nom de Boisgelin, qui était celui de l'ingénieur chargé de l'exécuter; il avait reçu du chef de l'empire la dénomination de canal des Alpines.

Hors de la ville d'Orgon et sur la route d'Avignon à Marseille, il est une maison entourée de vieilles murailles qui paraissent être les restes d'un édifice plus considérable et probablement d'un monastère. Cette maison qui ressemble beaucoup à une hôtellerie de la Vieille-Castille est l'auberge de la poste royale. Le corps-de-logis principal est en partie caché par un mur assez élevé qui forme l'un des parallèles de la rue où la maison est située. On y parvient par deux portes latérales adossées à une voûte qui s'ouvre sur la vaste cour de l'auberge. C'est par là que sont obligées de passer les voitures de poste pour changer de chevaux. Cette construction bizarre, commune au reste à un grand nombre d'auberges en Provence, fournit à Napoléon les moyens d'échapper à un des plus grands dangers qu'il ait jamais courus

Il y avait en 1814 à l'auberge de la poste d'Orgon, une jeune fille qui, admise depuis un an seulement dans cette maison, n'y avait été remarquée que par la pureté de ses mœurs et une mélancolie sombre et rêveuse. Elle s'acquittait des devoirs qu'elle avait à remplir avec promptitude et intelligence; mais triste et silencieuse, elle n'égaya jamais le repas d'aucun hôte par une de ces saillies provençales qui excitent la générosité des voyageurs envers les personnes qui les servent. Sa contenance était modeste mais fière. Elle acceptait les dons qui lui étaient offerts, avec moins d'empressement qu'une fille de sa classe; elle baissait les yeux et s'éloignait rapidement après avoir fait une légère révérence au voyageur, à la manière des femmes de son pays. On aurait dit qu'elle était honteuse de sa position, mais qu'en recevant ces dons, qui lui paraissaient humilians, elle obéissait à un devoir qu'elle s'était imposé.

Laure était célèbre dans Orgon, sans que l'humble fille d'auberge eût recherché sa renommée populaire, et elle ne croyait pas qu'aucune de ses actions l'eût jamais méritée. Peut-être y a-t-il en effet dans les grandes passions quelque chose qui, à notre insçu, nous élève au dessus du vulgaire, et le caractère inexplicable de la jeune Laure n'avait pas moins contribué que sa beauté à la faire remarquer de ses concitoyens. Elle était grande et bien faite, sa taille déliée et dessinée par le corset provençal, lui donnait cette grâce piquante qu'on trouve dans les femmes du midi. Quoique ses traits fussent beaux et réguliers, peut-être son teint légèrement bruni par le soleil, ses yeux noirs et vifs, ses lèvres d'un rose pâle, n'eussent-ils point été remarqués, si sa tristesse habituelle n'eût empreint sa physionomie d'un charme indéfinissable. Il y a quelque chose de plus touchant que la beauté dans une jeune fille, c'est cette pâleur languissante qu'un chagrin mystérieux et inconnu répand sur les traits de son visage, ce sont ces larmes qui brillent sous sa paupière et qu'elle semble vouloir dérober à tous les regards.

Les maîtres de la maison connaissaient les parens et les antécédens de Laure; mais quelque instance qu'on fît auprès d'eux ils n'avaient jamais voulu révéler son secret. Ils avaient pour elle des égards dont on se dispense en général envers les malheureux qui se condamnent à servir leurs égaux. Laure n'était employée qu'à des travaux peu fatigans, du genre de ceux auxquels les propriétaires d'une maison publique se livrent souvent eux-mêmes. Elle savait se faire respecter des autres commensaux de l'auberge; sa gravité simple et sans affectation, sans lui faire supposer aucune prétention au-dessus de son rang, excluait avec elle toute liberté contraire à la décence et aux règles de la bienséance. Le costume habituel de Laure était peut-être encore une des causes qui la protégeaient contre les inconvenantes entreprises des oisifs et des voyageurs. Elle ne portait ni croix, ni chaînes d'or, ni ces pendans d'oreille en même métal qui servent de parure aux femmes du midi; ses vêtemens étaient d'une couleur sombre, et le large ruban qui entourait son bonnet arlésien et cachait sa longue chevelure, était noir. On ignorait cependant de quelle personne elle portait le deuil; mais on en respectait en elle les sombres livrées.

Laure n'avait pris aucune part à la joie vive et exaltée qu'avaient occasionée parmi ses compatriotes les nouveaux événemens politiques. On ne l'avait point vu parmi les groupes animés des filles de son âge qui parcouraient les rues d'Orgon et les prairies voisines de cette ville en dansant et aux cris de vive le roi! on avait au contraire remarqué que la profonde tristesse qui remplissait son esprit était devenue plus sombre encore depuis que la nouvelle de ces grands changemens était parvenue dans le pays. Telle était l'étrange exaltation de ces jours de folies et de vaine confiance, que, malgré l'obscurité de sa position sociale, l'indifférence de la jeune Laure pour les fêtes publiques que ces circonstances faisaient improviser, fut remarquée par quelques-uns des plus ardens amis du régime royal. Sa conduite était marquée par un incident singulier qui venait à l'appui des observations dont elle était l'objet. Tandis que les militaires qui rentraient dans leurs foyers étaient reçus par leurs propres parens avec une défiance barbare, avec une cruauté que l'aveuglement de l'esprit de parti ne saurait justifier, ces infortunés, derniers soutiens de la gloire et des grandeurs de la France, étaient accueillis à la poste royale avec une sorte d'empressement. Lorsque la jeune Laure, triste et rêveuse, se trouvait à l'entrée de l'auberge, et qu'elle apercevait un de ces braves qui sortait le cœur navré des remparts inhospitaliers d'Orgon, elle l'appelait aussitôt, le conjurait de s'arrêter, s'enquérait avec une inquiète curiosité du régiment dans lequel il avait servi et des batailles où il s'était trouvé. Aucun soldat fatigué ne s'éloignait de cette maison sans avoir reçu l'hospitalité et les secours empressés que Laure sollicitait et obtenait pour lui.

Tout à coup il parut dans Orgon plusieurs de ces hommes sinistres qui se retrouvent toujours au milieu de nos discordes civiles et qui profitent des troubles publics, comme les oiseaux de proie s'emparent d'un champ de carnage. Ils venaient pour diriger vers un but affreux les dispositions d'un peuple enthousiaste et ignorant. De qui avaient-il reçu cette honteuse mission? Quelle est la cause qui peut n'être pas souillée par le vol et l'assassinat? L'un de ces hommes, auquel on donnait le ti-

tre de comte, et qui, accueilli avec une sorte
de déférence par les autorités et les gens importans du pays, paraissait plus spécialement
chargé d'organiser l'insurrection, vint demeurer à l'hôtel de la poste.

M. le comte était un homme d'un âge mûr,
d'une taille ordinaire, mais d'une physionomie expressive dans laquelle on pouvait aisément lire l'ardeur de ses passions. Il semait
l'or à pleines mains, ne parlait du roi et des
princes de la maison de Bourbon qu'avec attendrissement et enthousiasme. Royaliste fidèle, il
avait, disait-il, combattu long-temps dans la
Vendée et la Bretagne pour la cause de l'autel
et du trône. Le peuple le regardait avec étonnement, et les plus modérés ou les plus timides
d'entre les bourgeois baisaient les pans de son
habit. C'est ainsi que dans une république on eût
suivi les pas d'un chef qui eût sauvé la patrie.

La présence de ce mystérieux personnage
n'excita nullement l'attention de Laure ; elle
était assise dans un coin obscur de la salle des
voyageurs quand il y entra, entouré d'un grand
nombre de personnes, tandis qu'on entendait

au dehors les cris de la foule semblables aux mugissemens des vagues.

— Je vous remercie, Messieurs, je vous remercie de l'accueil que vous me faites, dit le comte avec le ton d'un homme qui ne veut laisser deviner qu'une partie de l'autorité dont il est revêtu et du rang qu'il occupe. Le roi saura combien il compte dans cette ville de fidèles sujets.

— Tous, tous, s'écrièrent-ils, vive le roi (1)!

— Je suis d'autant plus charmé de ce que je vois, continua l'étranger, qu'on avait répandu au sujet de l'esprit qui anime cette ville fidèle les bruits les plus outrageans. On disait que, comme dans le Dauphiné, ce pays révolutionnaire, l'usurpateur trouverait à Orgon un accueil qui n'est dû qu'au roi légitime ou à ses envoyés.

(1) On s'est efforcé dans la suite de ce chapitre de peindre l'irritation excessive des gens du midi contre Napoléon; mais on craint qu'il n'ait pas été possible de faire passer dans notre langue les formes expressives de l'idiome provençal.

— Tron de l'air! on en a menti! A bas l'usurpateur! vive le roi!

— Bravo! bravo! Oui, vive à jamais le meilleur des rois, s'écria l'inconnu en élevant au dessus de sa tête son chapeau orné d'une longue plume blanche. Il dépend de vous, Messieurs, ajouta-t-il, de montrer quelle est votre véritable opinion : Napoléon traversera demain cette ville.

Un sourd frémissement de colère et d'indignation s'éleva de tous les groupes qui environnaient cet agent de discorde; il parut content de l'effet qu'avait produit sur ses auditeurs la nouvelle qu'il venait de leur communiquer, et il allait continuer son allocution, quand une jeune fille s'élança au milieu du cercle agité qui s'était formé autour de lui : c'était Laure. Une rougeur vive et subite avait remplacé la pâleur qui attristait son visage, ses yeux étaient animés, et quand elle saisit brusquement le bras de l'étranger, il y avait quelque chose de si énergique et de si imposant dans son regard, que le noble espion, agité tout à coup d'une secrète et vague terreur, ne put prononcer un seul mot.

— Que dites-vous? que dites-vous? s'écria-t-elle, ne nous trompez-vous pas?... Napoléon sera ici demain.... à la place où je vous vois?... Cela est-il possible?

Un sourire amer et triste, semblable à l'expression d'une douteuse espérance, effleura ses lèvres pâles; elle tressaillait comme si la réponse qu'elle attendait avait dû influer sur le sort de sa vie, et ses regards, animés de tous les feux d'une passion violente et profonde, s'arrêtèrent sur l'étranger, qui ne put cacher la vive émotion que lui faisait éprouver l'évidente irritation de la jeune fille.

— Qu'est-ce que cela vous fait, mon enfant? répondit-il avec hésitation; ces sortes de choses n'intéressent que les hommes.

— Oui, reprit-elle en laissant voir un nouveau sourire de dédain, vous avez l'habitude de mépriser les femmes. Les femmes...., elles aiment et elles haïssent avec plus de force, plus d'emportement que vous. Dites-le donc, Monsieur, et ne nous trompez pas : cet homme..., l'empereur, osera-t-il venir ici?

— Est-ce comme une bonne royaliste que vous me faites ces questions, ma jolie fille?

— Je n'en sais rien; mais j'abhorre cet homme, je lui dois le malheur de toute ma vie....

— Il y a quelque chose d'extraordinaire dans l'exaltation de cette femme, Messieurs, dit l'étranger. Oui, ajouta-t-il, le fait est certain, demain Napoléon traversera la ville d'Orgon.

— Il n'en sortira jamais, s'écria Laure, dont les yeux brillèrent d'une joie cruelle, non, il n'en sortira jamais! Cependant il n'aura point de tombeau dans ce pays, dans cette terre où reposent nos pères... Non, non, les eaux de la Durance... Laissez-moi! laissez-moi!..

Elle sortit à ces mots en laissant plongés dans l'étonnement tous ceux qui avaient été témoins de cette manifestation violente et imprévue de ses sentimens.

— Elle est folle! Où va-t-elle? Suivons-la.... s'écrièrent plusieurs personnes.

Laure s'était dirigée du côté de la grande place; c'est là que depuis plusieurs jours le peuple d'Orgon s'assemblait en tumulte et s'abandonnait sans réserve aux élans d'une joie bruyante et emportée. Les façades de toutes les maisons étaient pavoisées de drapeaux blancs et ornées de guirlandes de feuilles d'olivier entrelacées avec des fleurs. Il était nuit, mais des milliers de flambeaux remplaçaient la clarté du jour. Aucun nuage ne voilait l'azur d'un ciel pur et tranquille, comme si le calme majestueux de la nature dût former un contraste complet avec les passions vives et brûlantes des habitans de ces riches contrées.

— Que dites-vous à nos femmes, la belle dédaigneuse? s'écria d'une voix enrouée un homme à la figure enluminée et dont les manches retroussées et tachées de sang indiquaient la profession. Ne l'écoutez pas, elle n'est pas royaliste.... Vive le roi! ajouta-t-il en s'approchant de Laure comme pour la braver.

— Vive le roi! et laissez-nous, Vincent le boucher, répondit une des femmes qui étaient auprès de Laure, elle est meilleure royaliste que vous.

— Voyez donc ce bonnet rouge d'autrefois, cria une autre commère; avec ses manches retroussées, ne dirait-on pas qu'il revient de la glacière d'Avignon, où il a été plus d'une fois en 93, du temps où l'on tuait les prêtres.

— Quelle horreur! A bas Vincent le boucher! cria-t-on de toutes parts.

— Quiconque dit cela en a menti, s'écria le boucher rugissant de colère et en faisant entendre un grognement semblable à celui de la hyène.

— Paix! dit Laure en étendant la main comme pour commander le silence. Laissez cet homme au nom de Dieu et de saint François Régis! Femmes et filles d'Orgon, voulez-vous m'écouter?

— Oui, oui, écoutons la jolie fille.

— Écoutez-la, et malheur à quiconque lui tiendrait des propos que ses oreilles ne sont pas faites pour entendre ! dit un grand et beau jeune homme qui se plaça auprès d'elle, et dont la voix forte et imposante commanda aussitôt le plus profond silence. Laure le remercia en jetant sur lui un regard mélancolique.

— Oh ! reprit-elle, écoutez-moi. Quelle est celle d'entre vous qui sous le règne du tyran n'a pas perdu un fils, un frère..., un époux, un ami ?... Vous souvient-il de ces temps affreux où les brigands, dont les troupes s'appelaient des colonnes mobiles, parcouraient nos campagnes ? Si un pauvre jeune homme s'était caché dans les bois pour n'être pas conduit à la mort, pour soutenir son vieux père, pour parler de son amour à celle qui avait reçu sa foi, il n'y avait de pitié ni pour lui, ni pour son pauvre pays. N'avez-vous pas vu des gendarmes qui attachaient les garçons à la queue de leurs chevaux, qui les traînaient sur les routes la chaîne au cou, qui repoussaient brutalement leurs mères qui pleuraient ?.. Oh ! vengeance ! vengeance !.. Celui qui a commandé toutes ces horreurs va traverser notre ville demain; s'il n'est pas ici un seul homme qui ose porter les mains sur le tyran, je l'oserai moi! Il faut qu'il meure....

— Oui! oui!... qu'il meure! A bas le tyran... Vive le roi!...

— Tu as bien parlé, Laure, dit une vieille femme appuyée sur un bâton noueux. Ce monstre de Bonaparte!... Mon pauvre Charles, mon beau garçon!.. Il a déserté pour revenir auprès de sa mère, il craignait qu'elle ne connût la faim... le désespoir... Il l'a fait fusiller!...

— Bonne mère, s'écria Laure, dont l'exaltation augmentait à chaque instant, chacune de vos larmes vaut une goutte de son sang. Point de pitié pour lui, qu'il meure sous les coups de ceux qu'il a affligés. Qu'il souffre comme nous avons souffert, que ses longs gémissemens soient le prix de tous les nôtres!

— Mort au tyran! Vive le roi!...

Comme la machine électrique communique plus rapidement que la pensée une commotion instantanée à tous ceux qui touchent la chaîne parcourue par le fluide mystérieux, ainsi les paroles de Laure enflammèrent la nombreuse population réunie sur la place. On n'entendait sortir des différens groupes que des cris de menace et de colère; des larmes brillaient dans tous les yeux, et Laure venait en peu d'instans de prendre sur la multitude un empire absolu. Elle ne tarda pas à en user pour commander de nouveau le silence.

— Il faut, dit-elle, qu'en arrivant ici il connaisse le sort qui l'attend. C'est à la poste royale qu'il s'arrêtera; commençons le supplice sur sa propre image. Femmes et filles d'Orgon, venez avec moi....

Des bravos multipliés et des cris de vive le roi! accueillirent cette proposition. Avec une populace aussi profondément remuée, un moment seul sépare quelquefois les joies de l'enthousiasme du délire de la haine; tel qui fut l'objet de son adoration peut devenir aussitôt celui de sa vengeance. C'est ainsi que dans ce pays favorisé du soleil, après une brillante journée du printemps dont aucun nuage n'a obscurci la beauté, le terrible mistral se lève.

tout à coup et glace les tendres fleurs de l'amandier et de l'olivier. Ce fut le contraire qui arriva à Laure. Objet d'abord de la prévention populaire, elle devint celui de son admiration et de son amour. Un dais de feuillages est formé à la hâte, on y place la jeune héroïne couronnée de fleurs, les jeunes gens l'emportent au travers de la foule, qui suit avec transport, et en remplissant l'air de ses cris, cette reine d'un moment. Du haut de son trône éphémère, Laure, grande et fière, semble commander, le sourire sur les lèvres, aux flots tumultueux de ce peuple exalté qui l'environne. Tel est le résultat inévitable des révolutions publiques quand la société est en fermentation, c'est l'écume de cette eau bouillonnante qui surgit à la surface.

L'étranger dont il a été question avait suivi les mouvemens de la populace, et il cherchait à augmenter par ses discours son exaspération et son aveugle enthousiasme. Mais on le comprenait moins bien que Laure. Il parlait avec chaleur de la légitimité et des droits des Bourbons au trône de leurs pères; la jeune fille s'était bornée à leur rappeler une des plus cruelles exigences de l'empire, la conscription ! Aussi comme par enchantement, quand la foule arriva aux portes de la poste royale, on trouva une sorte de mannequin dont le costume donnait une idée de celui que Napoléon affectionnait. Une corde fut tendue sur la rue dont le mur de façade de l'hôtellerie formait un des côtés, et ce fut là qu'on hissa cette grossière effigie. L'image de celui qui naguère faisait trembler les rois, l'époux de la fille des Césars, de celui qui a donné son nom à la législation civile la plus parfaite dont puissent s'honorer les nations civilisées, après avoir été traînée sur la claie et souillée d'immondices, fut ainsi profanée par une tourbe ignorante et crédule, formée de la lie d'une petite ville de Provence...

Cependant Napoléon continuait son pénible et triste voyage au travers des provinces du milieu et du sud-est de la France. Les témoignages de regret et d'attachement qu'il avait reçus de ces généreuses populations, dont les malheurs de la guerre n'avaient point éteint le patriotisme, touchèrent plusieurs fois son noble cœur, et peut-être ne furent point étrangers à l'entreprise étonnante qu'il effectua moins d'un an après. Souvent il se repentit de n'avoir point suivi les conseils de quelques fidèles capitaines, qui l'engageaient à nourrir la guerre dans le cœur de la France malgré la prise de Paris. Le peuple de Lyon, cette métropole du midi et la seconde cité de l'empire, se pressa au devant de lui comme dans ses jours de prospérité. Après le cruel passage de la terreur et des dissensions civiles, sa glorieuse main avait relevé les ruines de cette grande et belle ville. A chaque pas le peuple reconnaissant et attendri montrait à l'empereur déchu quelques monumens de sa bienveillance et de son génie. Quelquefois le héros, satisfait de laisser après lui de si grands souvenirs, ne put retenir les larmes qui gonflaient ses paupières, et levant ses yeux humides vers le ciel, il semblait en appeler à Dieu même de l'inconstance des destins.

Mais ces dernières illusions du pouvoir, ces souvenances trompeuses du passé, allaient bientôt se changer en appréhensions funestes, en réalités déplorables. L'empereur allait quitter le Dauphiné, et c'est à Montélimart, ville qui se trouve sur les marches de la Provence, qu'il allait entendre les derniers vœux de la France patriote. C'est dans les murs de cette ville que l'abandonna le respect qui était au moins dû à sa grande infortune.

Une voiture de poste entra dans la matinée du 25 avril dans la cour de l'hôtellerie d'Orgon. Deux personnes en descendirent pour demander des chevaux et prendre quelques rafraîchissemens en attendant que les gens de la maison eussent rempli leurs intentions. L'un d'eux était d'une taille moyenne, son teint était basané, ses regards vifs et inquiets. Il portait un frac bleu, à une des boutonnières duquel était roulé un ruban de la Légion-d'Honneur. L'autre était grand et maigre, ses cheveux étaient rares et grisonnans, sa taille était déjà courbée, soit par l'âge, soit par les fatigues de la guerre, car il portait l'uniforme d'un officier-général anglais. En mettant pied à terre il se découvrit et marcha avec une sorte de respect ou de circonspection à quelque distance de son compagnon, dont les manières paraissaient plus libres et plus aisées.

La voiture dans laquelle ces étrangers étaient

arrivés montrait sur tous ses panneaux les armoiries impériales. La foule, qui avait passé la nuit dans l'attente et qui commençait à se lasser, car la persévérance n'est pas dans le caractère des masses populaires, se grossit de nouveau à cet aspect. Tout semblait annoncer depuis quelques instans que le passage de Napoléon ne tarderait pas à s'effectuer; plusieurs ordonnances militaires s'étaient succédé, et avaient remis au maire de la ville d'importantes dépêches; mais ce magistrat ne pouvait prendre, pour maintenir la paix publique, aucune précaution qui n'eût exposé sa propre vie. Il en fut ainsi en 1815, à cette époque de fatale mémoire, où les lois se taisaient devant les cris insensés de la multitude.

Le bruit se répandit aussitôt dans Orgon que la voiture armoriée était celle de Napoléon; bien que malgré sa haine la populace ne pût encore séparer ce grand nom de tout le prestige qui environne la puissance, et qu'on ne pût supposer en effet que l'empereur voyageât ainsi sans escorte, ce bruit s'accrédita, et la foule se porta vers l'hôtel de la poste en proférant d'affreuses vociférations. La porte s'était fermée sur la voiture, et la populace armée se mit à danser sous l'effigie de Napoléon, tandis que quelques hommes plus ardens et plus exaltés appliquaient des échelles contre la muraille. On assure que, pendant ce mouvement insurrectionnel d'une nature aussi grave, des individus étrangers à la ville et parmi lesquels on distinguait le prétendu comte dont nous avons parlé, parcouraient les rangs populaires et excitaient contre Napoléon la haine déjà si violente de ces tourbes furieuses.

Un hasard assez singulier avait voulu que Laure remplaçât les maîtres de la maison; elle reçut les deux voyageurs dans la grande salle où la veille au soir elle avait révélé d'une manière si étrange et si inattendue les secrets sentimens de son cœur.

— Jeune fille, dit le premier des deux voyageurs, êtes-vous la maîtresse de cet hôtel?

— Non, Monsieur, mais vous pouvez cependant vous adresser à moi comme à ma maîtresse, répondit Laure en observant avec une curiosité inquiète la physionomie de ces deux étrangers. Que désirez-vous ?

— Des chevaux, répliqua brusquement celui qui lui avait adressé la parole.

— Et pour qui, s'il vous plaît?

— Pour nous apparemment.

— Cela ne suffit pas. D'où venez-vous ? êtes-vous de la suite de Bonaparte... Il n'y a point de chevaux ici pour lui, il n'en n'aura pas besoin.

Ce personnage tressaillit, mais ce mouvement involontaire fut imperceptible et rapide comme le regard extraordinaire qu'il jeta sur la servante de l'auberge ; il passa sa main sur son front et fit un signe d'intelligence à son compagnon de voyage.

— Nous pouvons en conscience, ajouta-t-il, déclarer que nous ne sommes point de la suite de... la personne que vous venez de nommer. Qu'on nous prépare des chevaux et qu'on nous serve quelques rafraîchissemens.

Il y avait dans les gestes animés et dans la voix de l'étranger quelque chose de grave et d'imposant qui étonna la jeune Laure. Elle subit son ascendant et se hâta de lui obéir. Les deux voyageurs se mirent à table; mais celui qui avait pris la parole but seulement un verre d'eau pure, croisa ses bras sur sa poitrine et parut plongé dans une profonde méditation. Tout à coup les cris forcenés de la populace qui assiégeait les portes de l'hôtellerie redoublèrent, et l'on entendit plusieurs coups de feu. Laure parut dans la salle, armée d'une hache, les yeux étincelans de joie et le sourire sur les lèvres.

— Arrêtez, jeune fille, reprit le même voyageur avec un calme qui ne paraissait nullement affecté. Quelle est la cause de ce bruit, et où allez-vous vous-même?

— Ce n'est rien, ce n'est rien, répondit Laure. Peut-être Bonaparte arrive-t-il ; on s'apprête à le recevoir, je ne veux pas être la dernière à le frapper.

— Quoi! s'écria l'étranger avec un étonnement douloureux, c'est contre Napoléon que se prépare cet horrible guet-apens? On a égaré ce peuple; oui, sans doute, des agitateurs ont profité de son mécontentement peut-être légitime... Vous en êtes témoin, Monsieur, ajouta-t-il en s'adressant à son compagnon; ceci est un assassinat prémédité, c'est un second essai de la machine infernale. Je connais les Provençaux, ils sont vifs et enthousiastes, ils reviendront de leur erreur. Mais vous, reprit-il avec plus de tranquillité, vous qui êtes si jeune et si belle, que vous a donc fait Napoléon pour motiver la haine que vous lui portez? Oserez-vous bien lever la main sur celui qui a été votre empereur et que le pape a couronné?...

— Dites notre oppresseur! s'écria Laure.

Et cependant la voix et le regard de cet homme lui causaient une émotion indéfinissable; elle baissa les yeux avec modestie et laissa tomber sa hache sur le parquet. On aurait dit qu'elle était honteuse de l'exaltation qu'elle avait montrée, et que la présence du voyageur avait tout à coup donné à ses pensées un cours différent.

— Eh bien, reprit-il, ayez confiance en moi, jeune fille. Quel vif chagrin, quelle profonde blessure vous a donc fait ce Napoléon que vous détestez et dont vous voudriez répandre le sang. Quelle est belle!...

— Je ne sais qui vous êtes, dit Laure, mais j'éprouve le besoin de justifier à vos yeux la haine qui me dévore et qui m'a fait prendre cette hache. Napoléon!... oh! que cet homme m'a fait de mal! J'étais orpheline; il me restait un frère qui me protégeait; nous demeurions ensemble dans la maison où nous avions fermé les yeux de nos parents et où nos pères étaient morts avant eux. J'étais heureuse avec mon frère, avec mon Joseph qui connaissait toutes les pensées de mon cœur...

Une larme brilla dans les yeux de Laure et roula sur son visage.

—Continuez, mon enfant, reprit le voyageur

avec bonté, je prends à votre histoire le plus vif intérêt.

— Hélas! Monsieur, reprit Laure, mon frère était beaucoup plus âgé que moi, il avait été soldat quand j'étais enfant, et il se trouvait libéré du service, je ne saurais vous expliquer pourquoi. Mais Joseph savait combien j'aimais... Oh! pourquoi ne le dirais-je pas? oui, combien j'aimais Eugène Robert, le fils d'une pauvre vieille femme des environs. Nous formions pour l'avenir les plus doux projets, je devais être son épouse; il n'aimait que moi, quoiqu'il fût le plus beau garçon de tout le pays. La conscription arriva... le croiriez vous, Monsieur? Joseph voulut partir pour *mon* Eugène; oui, malgré mes pleurs et les prières de mon amant, il se fit recevoir à sa place... Il mourut trois mois après à cette affreuse guerre de Russie... O mon Joseph, que Dieu te bénisse! nul homme ne fut jamais plus pleuré que toi...

— Jeune fille, dit le voyageur en saisissant la main tremblante de Laure, avec une vive émotion que son compagnon de voyage paraissait partager, les ossemens de cent mille braves Français reposent dans les champs déserts de la Russie, et moi qui servais dans leurs rangs, je vous remercie des regrets que vous causent leur souvenir. Leur mémoire sera toujours sacrée... A ces mots il se découvrit avec un recueillement religieux.

— Et vous pleurez comme moi, s'écria Laure dont l'imagination s'exaltait par degrés; que saint François Régis vous protége, Monsieur! Le croiriez-vous cependant?... après le départ de mon frère, mon Eugène avait tenu ses promesses: j'étais sa femme... Un jour des gendarmes entourèrent notre demeure, ils venaient m'arracher mon époux au nom de l'empereur... vous frémissez! oui, au nom de l'empereur ils ont commis cet horrible attentat. Je me jetai en criant, Grâce! dans les bras de mon mari. Il était désolé, il se roulait sur la terre, il pleurait, il mordait la poussière... Ils lui passèrent au cou une pesante chaîne... je l'ai vu, que Dieu me punisse si je ne dis pas la vérité. Je voulus briser ses indignes liens... je tombai noyée dans mon sang: le sabre d'un gendarme avait traversé ma poitrine... Eugène Robert est mort à la bataille de Lutzen ; voici sa dernière lettre et une mèche de ses cheveux noirs, ils sont toujours sur mon cœur. Oh! ne me retenez plus, je veux le voir, je veux voir le sang du tyran ambitieux qui m'a privée de mon époux. J'ai vendu la maison de mon père et je me suis mise servante d'auberge pour que sa vieille mère ne connût pas le besoin. Pauvre mère!... elle pleure tous les jours, elle parle tous les jours de son fils qui était si beau!... Quand son heure sera arrivée, je la suivrai de bien près. Tenez, voyez la marque du sabre... voilà où le gendarme m'a frappée au nom de l'empereur.

A ces mots elle découvrit à demi son sein, et montra aux voyageurs, que son récit énergique et précipité avait vivement ému, une large cicatrice; elle saisit de nouveau sa hache et se disposa à quitter la salle.

— Demeurez, s'écria le voyageur, vous avez soif du sang de Napoléon, votre douleur vous égare, mais vos infortunes sont bien grandes... Voilà, Monsieur, voilà comme les agens du pouvoir font exécuter les lois... Ecoutez, jeune fille, vous n'êtes pas faite pour vous mêler à la vile populace dont nous entendons les cris... Je suis l'empereur !

— Ah! Sire, dit le général anglais en se jetant entre Laure et Napoléon, que faites-vous?

— Monsieur, il n'est pas en notre pouvoir de reculer d'une seconde l'heure de notre mort, elle ne m'a peut-être épargné sur tant de champs de bataille que pour me frapper ici par les mains de cette fille obscure, dont je plains le malheur.

Il serait difficile de peindre l'effet que produisit sur Laure cette circonstance imprévue. Elle frémit, un tremblement convulsif agita tout son corps : Napoléon était devant elle.... Mais la haine de cette fille n'était que de la sensibilité exaltée. Il y avait de la générosité et de la vertu dans cette âme ardente, si cruellement blessée dans la seule affection qu'elle eût éprouvée. A l'aspect de cet homme illustre dont le nom seul avait si long-temps enflammé son cœur du désir de la vengeance, ce fut un sentiment indéfinissable de crainte et de respect qui s'empara de son esprit, et ses genoux se courbèrent involontairement pour rendre hommage à sa grandeur déchue.

— Oh! dit-elle d'une voix entrecoupée par ses sanglots, pourquoi vous ai-je vu, Sire? pourquoi vous ai-je parlé sans vous connaître? Que n'êtes-vous entré dans notre ville d'Orgon environné de soldats, j'aurais été vous chercher au milieu d'eux... Oui, je l'aurais fait, car je l'avais juré!... Mais vous fuyez, vous êtes malheureux!... Au nom de Dieu et du saint père qui a sacré votre front, dites-moi si vous avez ordonné tout le mal qu'on a fait.

— Madame, répondit-il gravement, l'empereur Napoléon ne peut se justifier devant une de ses sujettes, il ressent vivement les peines qui vous affligent, et il vous pardonne votre erreur... Non, non, ajouta-t-il avec sensibilité, oublions le passé, j'aime mieux lui parler le langage d'un père que celui d'un souverain. Non, ma belle jeune femme, je n'ai jamais prescrit les horreurs que vous m'avez racontées; si elles m'eussent été connues je les aurais sévèrement punies... J'emporte en quittant la France le regret de ne pouvoir réparer votre infortune... Monsieur, vous le direz à vos compatriotes si cela vous plaît, mais aujourd'hui les pleurs de cette veuve d'un soldat me font regretter ma couronne...

— Sire, répliqua le général étranger, vous rendrez cette justice à l'Angleterre, qu'elle connaissait la grandeur de son redoutable ennemi; les sacrifices qu'elle a faits pour le combattre le prouvent assez. Mais ces bruits deviennent de plus en plus inquiétans, il faut songer au salut de Votre Majesté, puisque les magistrats de cette ville sont, dit-on, sans pouvoir sur une populace déchaînée. Vous me paraissez, ajouta-t-il en s'adressant à Laure, une femme de caractère et de résolution; si j'en crois l'émotion respectueuse que vous éprouvez en présence de l'empereur Napoléon, il doit trouver maintenant en vous des sentimens bien différens de ceux que vous aviez manifestés.

— Que se passe-t-il donc dans mon cœur? s'écria Laure, dont les mains étaient croisées sur sa poitrine et qui regardait Napoléon avec une tristesse mêlée de respect. Comment le sauver maintenant?... Moi!... Il n'y a que moi!...

— Si tout est prêt, dit brusquement l'empereur, partons... ces cris me font mal... Adieu, Madame; vous êtes la veuve d'un Français, mort en défendant sa patrie, mais qui fut la victime d'un de ces actes d'oppression que malheureusement un souverain ne peut empêcher... Je me souviendrai de vous.

— Laure! Laure! s'écria un postillon en frappant du talon de ses grosses bottes le parquet de la salle, les chevaux sont attelés, mais trop de l'air! les voilà tous dans la cour, ils veulent couper les traits, ils disent que c'est Bonaparte qui est ici.

— Suivez-moi, Messieurs, s'il vous plaît, dit Laure avec résolution et toujours armée d'une hache.

— Les voici! les voici! Mort au tyran! à bas l'usurpateur! vive le roi!...

— Au nom du roi et de la loi, retirez-vous!

que les honnêtes gens se retirent! s'écria un personnage décoré d'une écharpe blanche et qui paraissait être un magistrat municipal.

— Non, non, à bas Nicolas (1)! à bas le tyran! vive le roi!...

— Où est-il le scélérat? dit Vincent le boucher armé d'un long coutelas..., est-ce celui là?...

Le hasard avait trop bien dirigé le bras de l'assassin, son arme était suspendue sur le sein de Napoléon, qui conserva dans cette grave circonstance son admirable sang-froid. Le général anglais porta la main sur la garde de son épée, mais tout à coup Laure se précipita contre le boucher, qui tomba renversé par ce choc inattendu. Elle plaça un de ses pieds sur son corps et leva sa hache sur sa tête.

(1) On sait que Napoléon fut désigné, en 1814 et en 1815, sous ce nom, qui n'est point le sien, et auquel, on ne sait trop pourquoi, on attachait alors un caractère de mépris.

— Arrêtez, dit-elle avec une énergie qui imposa à cette tourbe furieuse, Bonaparte n'est pas ici... Ces messieurs sont les commissaires du roi chargés de surveiller l'embarquement du tyran... Montez dans la voiture, Messieurs, Fouettez, postillon... Que Dieu vous protége, Messieurs!

— Les commissaires de sa majesté! vivent les Bourbons! vivent les commissaires du roi! à bas Nicolas!

Et cette foule exaspérée ouvrit elle-même la seconde porte et facilita le passage de la voiture, du fond de laquelle Napoléon put adresser à sa libératrice un signe d'adieu et de remerciemens. Laure tomba à genoux et s'évanouit à l'entrée de l'hôtel.

Quelque temps après cet événement, qui a été raconté de bien des manières, l'officier anglais s'arrêta à la poste d'Orgon. Il demanda Laure avec empressement; il était chargé, dit-on, par Napoléon de lui remettre un gage de sa munificence. Mais la mère d'Eugène Robert était morte, et la jolie fille d'Orgon avait été rejoindre son malheureux époux.

CHAPITRE CINQUIÈME.

CHAPITRE V.

Un contre dix!

L'aveugle délire qui s'était emparé du midi de la France n'avait point trouvé en Dauphiné une population aussi prompte à subir ses impressions et son entraînement. En adoptant les espérances qui se rattachaient à la restauration des Bourbons, les gens des montagnes, moins susceptibles d'un enthousiasme irréfléchi, toujours fermes et prudens, ne célébrèrent point comme des réalités des promesses royales, dont leur bon sens leur démontrait le difficile accomplissement. Comme du temps où Charles-Quint, vainqueur à Pavie, osa tenter de franchir la barrière des Alpes, les Dauphinois déployèrent à l'approche des étrangers leur patriotisme généreux, indépendant de tout esprit de parti.

Je me souviendrai long-temps avec une vive douleur du jour triste où pour la première fois ces hommes qui venaient de si loin outragèrent par leur présence les murs de ma ville natale. Quelques soldats unis aux citoyens avaient défendu notre antique cité avec une persévérance et un courage qui ne s'étaient pas démentis; mais la grande lutte était terminée; un général timide, un sénateur sans dévouement et sans patriotisme avaient paralysé l'énergie publique, et tout notre sang aurait en vain coulé pour payer l'avenir de la France. Il fallait déjà obéir à de nouveaux maîtres; on nous ordonna de déposer les armes.

L'uniforme français disparaît tout à coup, nos drapeaux mutilés semblent suivre le vol de l'aigle qui part pour de lointains climats, nos jeunes soldats nous quittent en pleurant, et ce sont des ennemis, des étrangers qui, dans peu d'heures, viendront nous arracher une hospitalité que nous ne pouvons plus donner à nos frères, à nos défenseurs...

La renommée fatale qui devance l'ennemi

annonce sa prochaine arrivée. La ville tout entière est plongée dans un morne silence, quelques groupes isolés parcourent en frémissant ses rues désertes. Les marchés, les places publiques sont abandonnés, et l'industrieux habitant a fermé sa maison en signe de deuil. Une curiosité inquiète et pénible nous entraîne, nous autres enfans, sur les pas de ces hôtes que la guerre envoie à nos familles désolées. Déjà nous entendons le roulement monotone et périodique de leurs tambours cachés au milieu de leurs rangs. Ce bruit a quelque chose de triste et de sauvage qui resserre le cœur. Ce n'est point là le son bruyant et animé qui annonce la marche de nos soldats. Qui sont-ils donc?

C'étaient des Hongrois. Ils marchent avec toute la fierté qui appartient à cette belle race slave. Leur taille est élevée; leurs traits réguliers, hâlés par le soleil et la fatigue d'une longue marche, rappellent ceux de leurs belliqueux et barbares ancêtres. Leurs shakos sont ornés de branches d'arbres, et nous songeons en rougissant d'indignation que cet ancien signe national est l'emblème du laurier qui insulte à nos rêvers. Leurs chefs inférieurs sont pour la plupart de jeunes étudians qui ont quitté Pest et Jéna pour conquérir la liberté que des souverains déloyaux ont promise à leur courage. Il y a entre eux et nous une étonnante sympathie ; ils nous saluent du regard et de la main, et le sourire qui effleure leurs lèvres n'annonce point l'insolente et dédaigneuse pitié d'un vainqueur.

Tout à coup apparaissent les enseignes que l'ambitieuse maison d'Autriche fait suivre par tant de peuples jadis rivaux, et dont son astucieuse politique a flétri les anciennes libertés. Quels sont ces cris sacriléges ? des Français se sont découverts devant ces drapeaux étrangers, ils font retentir l'air de leurs bruyantes acclamations.

— Vive François! vivent les alliés! à bas le tyran !

— Non, non, mort aux traîtres! vive la France! vive l'empereur!

Et nos jeunes mains, armées à la hâte des

pierres qui couvraient la route, font pleuvoir une grêle meurtrière sur ces imprudens qui se hâtent de rendre les ennemis témoins de nos divisions et de nos haines intestines. Ils fuyent épouvantés et osent en appeler aux soldats de François... mais la baïonnette hongroise demeure immobile et respecte la justice du peuple.

Ces transfuges du parti national étaient cependant des hommes que Napoléon avait comblés de bienfaits aux dépens de sa popularité et d'une saine politique, lorsqu'au retour de l'exil ils rentrèrent en France dépouillés des biens de leurs pères, en proie à la misère et aux tourmens de l'orgueil blessé. Alors ils n'avaient trouvé dans leur naufrage d'autre port que la bienfaisance impériale.

L'un d'eux avait arraché avec délire la croix d'honneur que l'empereur avait attachée à sa poitrine et qu'en effet il était peu digne de porter ; il l'avait brisée et foulée sous ses pieds en s'écriant :

— Vive François ! à bas le tyran ! à bas le monstre de la Corse !

— Vive la France! mort aux traîtres! à l'Isère... à l'Isère!

Ces cris menaçans sont poussés par le peuple indigné, qui se précipite avec fureur sur cet ingrat enthousiaste. Il demande sa mort, il veut le mettre en pièces. Quelques citoyens respectables se jettent entre lui et la foule avide de son sang; il parvient avec peine à se ravir au danger qui l'environne; mais bien des jours se passeront avant qu'il ose soutenir les regards de ses compatriotes...

Cependant les fidèles compagnons de Napoléon déchu de la couronne se rendent au lieu de son exil, mais par une voie plus longue et plus fatigante. Voilà bien long-temps qu'ils marchent ainsi fidèles et dévoués, sans savoir si leur aventureuse fortune a fixé un terme à leur voyage et un lieu de repos pour leur vie agitée... Ils l'ignorent encore; mais repos ou danger, l'incertitude de leur avenir, qui n'alarma jamais leur courage, n'altère pas leur héroïque dévouement. Ils vivent de la vie de leur chef, et n'ont aucune pensée qui ne soit pour lui. L'île d'Elbe leur est inconnue, ou du moins n'ont-ils qu'une idée vague de l'archipel italique qu'autrefois ils avaient soumis en passant; mais Napoléon y sera, et cette conviction leur suffit. Ils ne lui manqueront jamais ni sur le trône, ni dans l'exil.

La garde impériale traversait la France à grandes journées, comme dans les temps où elle se portait en quelques jours des bords du Mançanarez sur ceux du Danube. Les vieux soldats qui vont être les représentans de la grande armée auprès de Napoléon ne démentent point dans ces jours de revers et la discipline admirable dont ils ont toujours donné l'exemple et cette fermeté d'âme dont le gouvernement républicain avait doté leur jeunesse. Calmes et résignés, ils ne font entendre aucuns murmures; le temps est passé pour eux des plaintes hardies qui leur étaient permises : Napoléon n'a plus de puissance. Toutes les populations, avides de leur présence, se pressent sur leur passage et les saluent au nom de leur pays qu'ils honorent. Ils recueillent partout les plus éclatans témoignages des regrets et de l'estime publique. Les citoyens, écrasés sous le poids des charges que la guerre et l'invasion étrangère leur ont imposés, se disputent l'honneur de donner à un soldat de la vieille garde une hospitalité de quelques heures. Chacun d'eux sera fier de dire qu'un tel hôte s'est assis à son foyer et a partagé le repas de sa famille. Le caractère distinctif de ces intrépides guerriers, c'est la douceur et la bonté; leur gloire ne leur inspire aucun orgueil, et c'est avec autant de modestie que d'attendrissement qu'ils reçoivent le tribut volontaire que leurs compatriotes paient à leur fidélité.

A mesure qu'ils avancent vers le sud, ils s'aperçoivent des changemens que la politique vient d'opérer dans leur patrie. Mais si la vue d'un drapeau qui n'est point celui sous lequel ils ont combattu, qui n'est point celui qu'ils conservent encore, vient affliger leurs regards, ils n'en témoignent publiquement aucun mécontentement. Leur dévouement est tolérant comme un sentiment religieux, mais il est sévère comme la discipline militaire. Ainsi depuis leur départ de Fontainebleau c'est en vain que le cri de vive l'empereur! a souvent frappé leurs oreilles, il n'est jamais sorti de leurs rangs silencieux. Ils le regardent comme un hommage que le peuple rend à leur fidélité et auquel ils ne doivent point s'associer.

L'exemple de leur devouement, mais plus encore un sentiment intime et inaltérable qui attache l'homme social au pouvoir, quelle que soit sa nature, fit éclater dans diverses parties de la France une sympathie pour l'empereur déchu du trône, plus vive dans son exaltation que les joies populaires dont naguère ses triomphes avaient été le signal. Ce gouvernement unique dans l'histoire des peuples par sa force morale et l'éclat de sa puissance avait dompté toutes les oppositions et soumis tous les caractères. Il y avait en lui l'énergie des jeunes républiques et l'autorité séculaire des monarchies. Aussi quand il tomba, comme il avait surtout frappé l'imagination des hommes, il y eut beaucoup d'hommes dont l'imagination ne put comprendre ce grand naufrage, et qui furent atteints d'une folie sombre et mélancolique en présence des réalités de cet événement. Ce fut surtout parmi les militaires d'un rang inférieur que cette douloureuse affection se déclara, et il n'y a pas long-temps que j'ai eu moi-même l'occasion de voir une de ces victimes de nos troubles politiques, dont aucun remède n'a encore calmé la désolante exaspération.

Dans une de ces maisons que la sûreté de la société plus sans doute que l'intérêt de l'humanité a fait ouvrir à ce genre d'infortune, parmi un grand nombre de ces êtres déshérités de la raison, je remarquai un jeune homme, d'une grande taille et qui paraissait entièrement absorbé dans une méditation triste et profonde. Rarement il changeait de place, ses bras étaient croisés sur sa poitrine, son œil terne et fixe n'avait aucune étincelle d'intelligence ou de vie. Il était pâle et maigre, mais malgré l'air farouche de sa physionomie, on y retrouvait encore quelques traces de sensibilité et d'enthousiasme. Il avait tant pleuré, depuis dix ans que durait son malheur à l'époque où je le vis, que les larmes avaient tracé sur ses joues deux sillons que leur humidité faisait ressortir sur sa peau livide. Ses cheveux noirs étaient relevés en longues tresses atta cées sur le sommet de sa tête, à la manière des sauvages de l'Amérique du nord. Sa barbe était longue et touffue, car classé parmi les malades dont les accès de fureur étaient les plus dangereux, il n'avait jamais permis que les ciseaux ou le rasoir approchassent de son menton. Sans cette circonstance, cet homme dans son affliction profonde m'eût parfaitement rappelé la belle tête de Chactas au tombeau d'Atala. C'était la même perfection dans les traits et le même caractère de douleur sublime.

Il n'est guère possible d'exprimer le sentiment pénible qu'inspirait la présence de cet infortuné. On lisait dans ses traits pâles et altérés la cause secrète de l'affreuse maladie qu'il éprouvait. Sa folie ne se manifestait pas par ces mouvemens irréguliers et inexplicables qui en marquent habituellement les périodes. Il y avait une sorte de gravité dans ses poses, qui aurait pu un moment faire douter de l'état de dégradation morale dans lequel il était tombé; sous les sombres livrées de la misère et dans l'affreux isolement où il était plongé, on reconnaissait encore la propreté remarquable de nos soldats et quelques traces vagues de leurs manières simples et brusques.

Je ne fus point surpris des renseignemens que j'obtins sur ce malheureux qui m'avait si vivement intéressé.—Il est, me dit le médecin de la maison, le fils d'un de nos plus braves généraux, mort en Espagne sur le champ de bataille. Il était sergent-major dans un régiment de la jeune garde lorque Napoléon abdiqua en 1814. La nature de mes fonctions dans ce triste asile me met à même de recueillir des observations fort curieuses sur les causes qui peuvent amener une anarchie complète dans l'organisation morale de l'homme, mais je n'ai jamais trouvé un sujet qui présentât plus que celui-là d'étranges contradictions aux méditations de la science. Cette affection a-t-elle été déterminée par le profond ressentiment d'une ambition tout à coup déçue, ou tient-elle seulement à l'excès de sensibilité qu'un aveugle dévouement peut causer? je l'ignore. Ce qu'il y a de certain, c'est que le malade a conservé complétement la mémoire de ses anciennes habitudes militaires. Il se lève, il se couche et il mange à des heures fixes. Quand il croit cette heure arrivée, il prête l'oreille comme si le bruit du tambour l'avertissait de même qu'autrefois. Il pleure beaucoup, et il ne prononce jamais qu'un seul mot: c'est le nom de Napoléon!... Mais c'est alors qu'il tombe dans un accès frénétique, qui rend son approche dangereuse et qui offre l'image la plus sombre des misères de la vie humaine et de la faiblesse de notre raison.

Le soleil était couché depuis quelque temps, et le hasard me permit de juger de la justesse et de la réalité de l'observation que je venais d'entendre. Le malheureux insensé qui avait attiré mon attention, et que maintenant j'examinais avec tant d'intérêt, quitta tout à coup la position qu'il occupait. Ses mains tombèrent le long de son corps, comme s'il se fût préparé à exécuter un commandement militaire. Il sembla écouter avec attention une voix inconnue à laquelle il obéit ensuite, car il se retira dans sa cabane en marchant d'un pas régulier. Il s'arrêta à la porte en simulant le mouvement d'y déposer ses armes et leva avec égarement les yeux autour de lui. Peut-être cherchait-il, au milieu des rangs où son délire le transportait, le drapeau sous lequel il avait combattu, et saluait-il dans sa pensée l'aigle de son régiment absente pour toujours...

L'histoire ne révélera point les douleurs de ces dévouemens secrets dont les rois déchus n'ont pas la consolation, dans leur exil, de connaître l'existence. Les vertus qui apparaissent sur le théâtre du monde et qui ont leurs flatteurs aussi bien que l'intrigue et les vices heureux, ne sont pas celles dont l'humanité doive le plus s'enorgueillir. La fidélité au souverain qui s'escompte dans les marchés publics, qui s'écrit sur le front, qui se revêt comme un habit de cour dans les jours de cérémonie, n'est qu'une forme de servilité, un calcul d'ambition cupide. Tel n'était point le sentiment noble et pur qui animait ces braves guerriers, enchaînés par leur volonté et la religion de leur parole à la destinée incertaine de Napoléon. Au milieu de leur voyage triomphal dans cette belle France qu'ils croyaient saluer pour la dernière fois, l'estime profonde qu'ils inspiraient leur suscita souvent de dangereuses séductions. Ici un père de famille, honoré d'avoir pour hôte un de ces héroïques gardiens de la foi militaire, lui offrait vainement de l'admettre au nombre de ses enfans en le nommant son gendre. Le soldat de Napoléon remerciait avec reconnaissance, mais il faisait entendre que son avenir ne lui appartenait pas, et que son bonheur serait empoisonné par l'idée d'avoir manqué à un engagement antérieur non moins solennel et non moins sacré. Là, de timides mais vertueux citoyens, alarmés sur les dangers auxquels se vouaient à leurs yeux ces fidèles guerriers, les conjuraient au nom de la patrie de ne pas suivre leur chef abandonné par la victoire et par la France, et qui avait reçu d'eux assez d'éclatans témoignages de leur courage et de leur constance. Les offres les plus honorables et les plus flatteuses suivaient de près ces vives sollicitations; mais les grenadiers n'y répondaient que par un sourire qui semblait indiquer combien ceux qui les leur adressaient connaissaient peu leur désintéressement et leur résignation. Ces détails, qu'il eût été trop long de mettre en action dans les esquisses imparfaites et rapides que nous traçons de l'immense tableau historique de cette époque, ne sont point un jeu d'une imagination prévenue et réchauffée par ces grands souvenirs. Peut-être ces pages qu'on s'efforce de colorer tout à tour des regrets, de l'enthousiasme, de l'héroïsme de ces jours merveilleux, tomberontelles sous des yeux qui furent les témoins de ces peines patriotiques que nous pouvons seulement rappeler en passant.

Depuis que Napoléon avait traversé Lyon, l'esprit de réaction avait commencé à lever la tête dans cette cité dont le nom se rattache à des malheurs que la liberté ne put éviter. Elle possède aujourd'hui une population nombreuse de prolétaires, masse nécessiteuse et dépourvue de lumières, qui s'abandonne facilement aux impressions qu'on veut lui faire subir. Par cela même qu'il est aisé de la soulever en faveur d'intérêts qu'elle ne comprend pas, il est aussi aisé de lui imposer, et jamais elle ne maîtrisera l'opinion ferme et éclairée du vrai peuple de Lyon. Cependant ce fut sans succès qu'on essaya à cette époque de la faire entrer dans un système de trouble et d'exaspération, semblable à celui qui désola si long-temps la Provence et le Languedoc. Napoléon avait été son idole; l'expression n'est pas trop forte, et reconnaissante comme tous les malheureux, elle se souvenait de tous les bienfaits que leur noble cité devait à sa sollicitude et à ses prévisions paternelles.

Une poignée de turbulens émissaires, de ces hommes impatiens de faire preuve de zèle envers la restauration naissante, et qui étaient déjà parvenus à changer en délire des factions les manifestations de joie et d'espérance que devait inspirer le retour des Bourbons, parcourut durant plusieurs jours, mais effrayée de son isolement, les carrefours et les rues de Lyon. A leurs menaces, à leurs provocations, à leurs cris insensés, le peuple lyonnais n'opposa que le silence du mépris et la patience que donne la force. Il sentit que si la restauration devait être la dernière de nos commotions civiles, on ne devait pas signaler sa présence par le retour des maux d'une époque de deuil qu'il fallait oublier comme la gloire de l'empire.

Tout le peuple de Lyon se pressa en foule au-devant des compagnons d'exil du héros qui avait relevé les murailles de cette ville et rappelé dans son sein l'abondance et l'industrie. Ces vieux guerriers reçurent les hommages des citoyens avec cette gravité calme dont leur sévère discipline leur faisait une loi, surtout dans les circonstances où ils se trouvaient et au milieu des passions ennemies que leur présence pouvait exciter. Arrivés sur la place Bellecour, et au moment où les citoyens s'apprêtaient avec empressement à leur offrir un asile durant le court séjour qu'ils devaient faire dans leur cité, l'esprit de parti voulut outrager leurs nobles sentimens, sans doute pour les entraîner à commettre quelque acte de colère ou d'impatience, qu'on aurait ensuite flétri du nom d'attentat à la paix publique. Mais ils ne descendront pas dans la lice avec de tels ennemis, et leur généreux caractère ressortira plus brillant de cette atteinte préméditée.

Depuis qu'ils sont les hôtes de la ville de Lyon, les cris de vive l'empereur ! sont souvent sortis des groupes populaires dont ils marchent environnés. Suivant un système qui est parti de leur cœur et que la prudence de leurs chefs n'a pas eu besoin de leur recommander, ils ont su garder un profond silence ; ils ont plus fait encore : dans la crainte que ces démonstrations d'un enthousiasme tardif et désormais inutile ne devinssent la cause de désordres qui auraient attristé leur voyage, ils ont fait tous leurs efforts pour en comprimer l'élan; ils ont supplié le peuple de respecter leur douleur en imitant leur austère réserve. Leur glorieuse enseigne est enveloppée dans un voile impénétrable qui laisse à peine deviner ses formes, et leur coiffure militaire est recouverte à dessein d'une toile luisante qui dérobe aux regards la cocarde de Marengo et l'aigle d'Austerlitz.

Les cris de vive le roi! à bas Napoléon! sont proférés avec acharnement à la face de ce bataillon de héros, par quelques individus qui en agissant ainsi ne font qu'obéir à une impulsion puissante et secrète. Ces cris ne sont point dans cette circonstance l'expression d'une opinion politique que les maux du pays et l'espoir de les voir réparer peut rendre honorable; c'est une insulte gratuite faite à la fidélité, c'est un outrage au courage malheureux, c'est une vile et méprisable manœuvre de parti. La rougeur de l'indignation couvre le front des braves grenadiers de la vieille garde, mais aucun mouvement hostile ne se manifeste dans leurs rangs silencieux. Ceux qui ont vaincu tant de fois les ennemis de la France ont appris à se vaincre eux-mêmes, et leur longanimité dans cette circonstance est un sacrifice de plus qu'ils font à la belle cause qu'ils ont embrassée.

Le peuple n'imite point leur généreuse modération, il se précipite avec fureur sur ces obscurs profanateurs de la gloire de la France, sur ces infâmes provocateurs qui fuient épouvantés. Mais où trouveront-ils un asile contre la juste colère qu'ils ont excitée? un triple rempart d'hommes profondément irrités contre eux leur ferme de toutes parts le chemin de la retraite. Ceux qui les ont dévoués à ce danger sans honneur se gardent bien d'accourir à leur secours. Les lâches qui ont conspiré dans l'ombre ne paraîtront pas au grand jour pour prendre la responsabilité de leurs odieux projets. Les rangs des soldats qu'ils viennent d'outrager s'ouvrent seuls devant eux, ils s'y précipitent en foule, et ils viennent demander protection au drapeau qu'ils ont poursuivi de leurs injures et de leurs vociférations. Cette protection ne leur faillira pas : sous les baïonnettes tutélaires de la vieille garde ils seront en sûreté, comme le coupable de l'antiquité en embrassant l'autel des dieux domestiques;

et trente mille Lyonnais, touchés de tant de grandeur d'âme, remplissent les airs de leurs bruyantes acclamations et de leurs applaudissemens.

Ce fut au sortir de cette ville, qui avant une année les verra rentrer dans ses murs sur les pas de leur héros, que les frères d'armes de Lambert reçurent ses adieux. Ces braves disaient beaucoup en peu de paroles, et Lambert en serrant la main à ceux de ses compagnons qu'il affectionnait davantage, se contente de leur donner rendez-vous à l'île d'Elbe. Maintenant tout entier aux douces espérances qui remplissent son cœur, le grenadier franchit rapidement la distance de Lyon à Grenoble.

Il arriva aux portes de cette ville à la fin de la seconde journée ; des troupes de la confédération du Rhin occupaient la capitale du Dauphiné, en vertu d'une capitulation signée par les autorités des deux partis après l'occupation de Paris et l'arrivée de Monsieur. Le nombre de ces troupes s'élevait à peu près à dix mille hommes, et elles gardaient un parc d'artillerie considérable. Ces soldats étrangers, ceux dont la France avait le plus à se plaindre, crurent pouvoir faire oublier l'infamie de leur trahison par une conduite révoltante et oppressive dans tous les cantonnemens qui leur furent assignés. La défense courageuse des citoyens de Grenoble avant la capitulation, et leur contenance non moins ferme et prudente quand leurs remparts furent livrés à l'ennemi par un général sans énergie, rendit les Hessois et les Wurtembergeois moins absolus et moins exigeans. Jusqu'à l'époque où nous sommes arrivés, ils ne s'étaient livrés qu'à quelques excès partiels qui avaient été aussitôt réprimés.

Depuis quelques jours cependant une irritation sourde et menaçante qui régnait parmi eux avait averti les citoyens à se préparer à toutes les chances d'une légitime insurrection; leur courage ne s'en effrayait pas. L'arrivée d'un fort détachement d'artillerie française qui revenait d'Italie était à la fois un motif de colère pour les Allemands et de sécurité pour les citoyens, habitués à ne point juger de nos soldats par leur nombre. On sait que la ville de Grenoble est assise sur les deux rives de l'Isère, mais la partie la plus considérable est sur la rive gauche, et les faubourgs, qui occupent la rive droite, communiquent avec la ville par deux ponts dont l'un seulement est construit en pierre. La prudence des autorités municipales avait assigné aux Français ce dernier côté de la ville où il fut défendu aux soldats alliés de circuler. Un poste des deux nations occupait les extrémités du pont, pour que la convention fût réciproquement respectée.

La porte de France, qui s'ouvre sur la grande route de Lyon, est située sur la rive droite de l'Isère, et le brave Lambert en entrant dans la ville se trouve tout à coup entouré de soldats français qui, reconnaissant son uniforme, l'accablent de démonstrations vives et sincères auxquelles un groupe nombreux de citoyens vient bientôt unir les siennes. Lambert, touché de cet accueil fraternel, leur raconte en peu de mots les raisons qui le rappellent en Dauphiné. Mais il ne peut prendre part au banquet militaire qu'on lui offre aussitôt, il ne veut que traverser la ville, car son projet est de passer la nuit à Vizille, afin de pouvoir arriver le lendemain dans les montagnes où il est né. On vide quelques bouteilles à la santé du brave grenadier de la vieille garde, et ses amis du champ de bataille lui forment une escorte nombreuse jusqu'à la ligne qu'il leur est défendu de franchir. Lambert leur dit adieu et traverse le pont d'un pas délibéré. Tout à coup la sentinelle allemande lui barre le chemin et lui adresse quelques paroles dans sa langue natale. Un vieux militaire sait toujours quelques mots de toutes les langues, et Lambert a assuré depuis que ce soldat étranger, après lui avoir dit une injure grossière, lui avait déclaré qu'il ne passerait pas tant qu'il n'aurait pas fait disparaître les aigles de ses boutons.

Quoi qu'il en soit, la réponse de Lambert fut prompte et péremptoire; il saisit par la baïonnette le fusil du Hessois et le jette dans l'Isère, puis arrachant la branche de buis qui décorait son shako, il le repousse violemment contre le parapet et se dispose à continuer son chemin. Mais le poste voisin accourt aux cris de la sentinelle désarmée, et se précipite sur le grenadier, qui, conservant son sang-froid, croise la baïonnette. Les soldats français qui avaient accompagné Lambert et qui le suivant des yeux étaient encore à l'extrémité du pont, virent le danger qui menaçait ce brave et n'hésitèrent pas un moment à voler à son secours. Ils arrivèrent en foule, et enlevant le grenadier ils l'emportèrent en triomphe du côté de leur cantonnement.

Le redoutable commandement : Canonniers, à vos pièces! retentit aussitôt du côté des Français, tandis que de celui des alliés le tambour bat la générale qui est bientôt répétée par les tambours des postes voisins. La foudre ne produit pas un effet plus prompt, plus rapide que ce premier signal d'alarme. Les magasins et les portes des maisons sont fermées presque en même temps dans tous les quartiers de la ville, les rues désertes sont abandonnées à la pesante cavalerie des Wurtembergeois. Les toits et les édifices les plus élevés se couvrent d'une foule de peuple qui se rappelle une grande journée de la révolution, où cette manière de combattre lui assura la victoire contre les troupes ministérielles. Les étrangers s'avancent en bon ordre, et dix mille hommes marchent en colonnes serrées du côté du pont en poussant leur hurra national.

Le détachement français était commandé par un chef de bataillon, qui jugea au premier coup d'œil les suites funestes que pouvait avoir pour la ville et pour ses troupes cette collision imprévue. Cependant il prit à l'instant toutes les précautions militaires que lui suggérèrent sa prudence et sa bravoure.

— Grenadier, dit-il à Lambert, votre précipitation sera peut-être la cause d'un événement bien grave et dont les conséquences sont incalculables. Si nous étions en force!...

— Mon commandant, répondit le vieux soldat avec une respectueuse fermeté, je n'ai aucun tort dans cette affaire, je vous le déclare sur l'honneur. Mais dans tous les cas, soyez certain, mon commandant, ajouta-t-il en chargeant son fusil, que je quitterai ce pont le dernier. Camarades, ce n'est pas la première fois que nous nous serons battus un contre dix!...

— Un contre dix! vive la France! s'écrièrent les braves canonniers.

— Hurra! hurra!...

— Garde à vous! dit le commandant; canonniers, à vos pièces!

Les artilleurs tiennent la mèche allumée à quelques pouces de la lumière de leurs canons, ils n'attendent plus qu'un dernier ordre, le sang va couler, et dans peu d'heures la généreuse ville de Grenoble ne sera plus qu'un monceau de cendres. Tout à coup les troupes allemandes portent les armes, un roulement se fait entendre et se répète sur toute la ligne qu'ils occupent; le général étranger (1), accompagné du respectable maire de la ville (2)

---

(1) Je crois bien que c'était le comte Bubna; mais je crains que mes souvenirs ne soient pas très-exacts à cet égard, quoique j'aie été témoin de cette affaire, dont, sans doute, je ne pensais pas devenir jamais l'historien.

(2) Le baron Redauldon. Cet administrateur vertueux et éclairé, dont la ville de Grenoble conservera long-temps le souvenir, a payé à la nature le douloureux tribut que nous lui devons tous. Ses concitoyens reconnaissans ont élevé à ses cendres un monument qui atteste son patriotisme, son zèle infatigable et les services nombreux qu'il a rendus à son pays.

et du colonel de la garde nationale, s'avançaient en hâte pour empêcher cet affreux malheur. Ils arrivèrent sur le poste français.

— Messieurs, dit le général d'un ton ferme, je ne doute pas de votre courage, mais il n'y a point de gloire à acquérir ici. Soldats français, nous avons cessé d'être ennemis; n'ensanglantons pas les préliminaires d'une paix que nos pays désirent depuis si long-temps.

— Général, répondit le commandant français, nous ne sommes pas les agresseurs, et ainsi nous n'aurions pas à répondre du sang qui serait versé. Mais je vois auprès de vous les magistrats de cette ville amie du soldat, et je m'empresserai d'accéder à un arrangement honorable. Nous sommes les moins nombreux; que vos troupes rentrent dans leurs casernes, et dans une heure il ne restera aucunes traces de cet événement que je n'ai pu ni prévoir, ni empêcher.

— Je reçois votre parole, commandant, reprit le général, je veux bien vous donner cette preuve de la loyauté de nos intentions.

Les troupes alliées vont s'éloigner. Grenadier, ajouta-t-il, si j'ai bien compris le rapport qui m'a été fait, c'est vous qui êtes la cause, innocente sans doute, de tout ce qui s'est passé. Suivez-nous, vous traverserez la ville sous ma protection et sous celle de ces deux magistrats. Je réponds de votre sureté.

— Ma sûreté est peu de chose, général, dit Lambert, et un grenadier de la vieille garde a vu la mort d'assez près pour ne pas la craindre. Je vous suis. Adieu donc, mes braves camarades.

— Adieu, grenadier; vive la France!...

CHAPITRE SIXIÈME.

CHAPITRE VI.

Le soldat de Louis XV.

Sur les confins du département de l'Isère et dans la direction du nord-ouest au sud-est, on entre dans une contrée d'un aspect riant et pittoresque, dont le climat doux et tempéré, les belles eaux et la riche végétation, contrastent singulièrement avec l'âpreté sauvage des cantons montagneux qu'on a traversés pour y pénétrer. La vallée de Beaumont, située dans la région moyenne des grandes Alpes, a pris ce nom, qu'elle porte depuis bien des siècles, de la montagne qui la sépare en deux portions. Elle est cultivée de sa base jusqu'à son sommet verdoyant, et le coup d'œil ravissant qu'elle présente a probablement inspiré la dénomination qu'elle porte aujourd'hui.

L'habitant de ce pays, qui a conservé les traditions de ses pères, est d'un caractère doux et bienveillant, remarquable surtout par la sympathie qui l'attache aux lieux qui l'ont vu naître. L'hospitalité des anciennes mœurs se retrouve encore au milieu de ces montagnards dans son heureuse et naïve beauté. Etrangers par la situation géographique de leur pays à l'intolérance des idées politiques et religieuses, ils sont seulement chrétiens et patriotes et ne comprennent dans leurs paisibles rapports sociaux ni l'emportement des discussions, ni l'aveugle égoïsme des croyances. C'est dans cette heureuse contrée que naquit Lambert, c'est de là que si jeune encore il s'élança sous les drapeaux de la république. Alors l'enthousiasme qui exaltait son courage naissant, qui troublait sa raison à peine formée, lui fit renoncer sans regrets à la vie paisible et obscure qui l'attendait sous le chaume où il avait reçu le jour. Maintenant que sa raison a grandi et que son âme forte, pleine des souvenirs des batailles où il s'est trouvé, peut se rendre compte à elle-même des nobles sentimens qui l'agitent, il revient cependant ému et attendri, compagnon d'exil de son glorieux chef, saluer pour la dernière fois peut-être les foyers paternels.

Depuis près d'une heure il a quitté les falaises stériles et désertes de la vallée de la Mateysine. Ses regards où brille une joie tendre et sincère parcourent au loin les coteaux boisés et les prairies en fleurs de la belle vallée où il est né. Il s'étonne du spectacle délicieux qui l'environne; de tant de contrées qu'il a parcourues depuis plus de vingt ans, la terre natale lui semble la plus belle. Nulle part il n'a vu d'arbres plus majestueux, élevant vers le ciel un feuillage plus touffu. Comme tout est beau! comme tout s'anime autour de lui! la montagne dont les cônes cultivés offrent de loin la surface plane et régulière des tapis de verdure que l'art procrée avec peine dans les jardins des riches, étend au loin sa masse imposante et pittoresque; de grands nuages blancs debout sur les pics les plus élevés comme des colonnes d'albâtre, semblent former le portique d'un temple immense et majestueux, au dessus duquel le ciel bleu et paisible déroule sa voûte éternelle. C'était l'heure où le soleil ne montre plus à l'occident qu'une partie de son disque déjà pâle et privé de l'éclat de ses rayons. A cette heure une sorte de tristesse mélancolique se répand sur la nature, l'homme se prépare au repos, et les bruits vagues qui se perdent dans le lointain, comme le bourdonnement des abeilles, annoncent le retour des champs et la suspension des travaux. Nul ne peut assister à cette scène, au milieu d'un paysage varié, sans éprouver une émotion indéfinissable qui absorbe toutes ses pensées.

Lambert marchait depuis plusieurs heures, voyageur inconnu dans la vallée de ses pères, et luttant péniblement contre les sensations tumultueuses qui venaient assaillir son âme. Il s'arrêtait à chaque pas, et s'appuyant sur la crosse de son fusil, il examinait avec une vive mais douloureuse attention tous les objets qui frappaient ses regards. Il cherchait vainement à les reconnaître; durant les longs jours de son absence et de sa vie agitée, leur souvenir était sorti de sa mémoire distraite, comme les orages de l'hiver avaient effacé dans les champs voisins l'empreinte des pas de son enfance. Quelquefois l'écho apportait à son oreille le refrain de quelque ancienne chanson, que dans sa jeunesse les filles du village avaient chantée comme leurs mères, et dont l'air simple et les paroles naïves le faisaient tressaillir. Les gens qui le rencontraient le saluaient affectueusement; il répondait gravement à leurs prévenances; il n'osait leur adresser la parole dans la crainte d'apprendre un moment plus tôt la nouvelle d'un malheur qu'il redoutait et dont depuis plusieurs jours l'idée seule le déchirait. Enfin au détour d'un vallon, où ses souvenirs étaient devenus plus pressans et plus positifs, le clocher de Saint-Laurent de Beaumont montra tout à coup au milieu d'un massif de hêtres et de tilleuls sa flèche agreste et gothique.

A cet aspect Lambert fut agité par un frémissement involontaire. Il se souvint sans doute que suivant l'usage en Dauphiné le cimetière environnait l'église paroissiale de Saint-Laurent. Un pressentiment douloureux affligea son âme, et il craignit qu'oublié de tout le monde dans son pays, sans amis, sans parens, il ne lui restât plus d'autre consolation que celle d'aller visiter la tombe de son père, si quelque homme charitable pouvait encore lui en indiquer la place... Cette idée serra son cœur. Il eut besoin de se reposer un instant sur un bloc de pierre ardoisine qui faisait saillie sur le chemin et que le temps avait recouvert d'une mousse noirâtre. Il essuya la sueur qui coulait de son front, et il se livra entièrement à la mélancolie des pensées qui remplissaient son esprit.

Il y a toujours dans le cœur de l'homme, quelle que soit la grandeur de ses peines et la tristesse de ses afflictions, une place pour l'espérance ; le soldat de Napoléon ne tarda pas à éprouver la douceur décevante de ses illusions. En élevant ses yeux vers le beau ciel de sa terre natale, il sentit pénétrer dans son âme une idée fraîche comme le vent du soir qui commençait à souffler dans les touffes épineuses des genets qui bordaient le chemin. Il se rappela les traits de son père, il le revit comme au temps où il l'avait abandonné. Mais aussitôt la timidité de l'enfant agita son cœur d'homme et vint troubler le rêve de sa piété filiale. Qu'allait penser le vieillard de sa fuite ? voudrait-il le reconnaître et le recevoir après une faute aussi grave ?

— Mon père était bon, murmura le grenadier, mais je me souviens que quelquefois il se montrait sévère comme un adjudant-major qui n'est pas content du service. Je lui ferai voir ma feuille de route, mes certificats, mon brevet de la Légion-d'Honneur... Si cela pouvait le contenter ! mais je lui ai désobéi... Je n'ai jamais eu peur une seule fois sur le champ de bataille, qu'éprouvai-je donc aujourd'hui ? Lambert, tu n'es pas un mauvais soldat, mais tu as été un mauvais fils... Un père !... je lui ai désobéi, et il était mon premier chef...

Et le soldat de la garde impériale, qui depuis quelques instans était vivement ému, pleura amèrement en songeant à son père et en jetant les yeux sur le clocher du village où il était né... Dans ce moment il entendit un bruit léger auquel se mêla le son d'une voix agréable qui fredonnait une chanson du pays. Lambert, comme si la touchante faiblesse qu'il venait de ressentir lui eût paru peu digne de son âge et de l'habit qu'il portait, détourna promptement la tête, porta sa main à ses yeux et chercha à faire disparaître les traces de l'émotion qu'il avait subie, car il était décidé à interroger la personne qui s'approchait de lui. C'est la faute des préjugés sociaux, si l'homme vertueux est quelquefois condamné à rougir des sentimens les plus honorables.

C'était une jeune fille, fraîche et jolie, grande et leste, qui suivant la coutume du pays, portait sur sa tête, avec une adresse que l'habitude seule peut donner, une lourde cruche en terre grossière qu'elle venait d'emplir à la fontaine voisine. Elle tressaillit et se tut en apercevant Lambert, qui se leva pour lui parler.

— Ma jolie fille, dit-il avec peu d'assurance, pouvez-vous m'apprendre le nom de ce village?

— Bien volontiers, répondit-elle en souriant naïvement de l'ignorance du soldat.

Alors elle saisit sa cruche à deux mains et la posa à terre avec autant de promptitude que d'aisance, puis elle jeta un regard timide sur celui qui l'interrogeait. L'examen rapide auquel elle se livra ne fut probablement pas défavorable à Lambert, car une douce expression d'intérêt se répandit sur ses traits charmans.

— Beaucoup de militaires reviennent au pays, ajouta-t-elle, maintenant que la guerre est finie pour toujours, s'il plaît à Dieu; mais vous êtes le premier qui m'ait demandé Saint-Laurent de Beaumont.

— Saint-Laurent de Beaumont! s'écria Lambert, je vous remercie, ma jolie fille. Il y a long-temps que je n'avais entendu prononcer ce nom.

— Je m'appelle Guite, dit la jeune paysanne en rougissant. Mais ajouta-t elle avec vivacité, êtes-vous de notre pays? De tous les garçons qui sont revenus je n'ai encore vu que vous qui portiez ce grand bonnet en peau d'ours; peut-être étiez-vous un chef?

— Non, Guite, répondit Lambert en souriant, puisque vous ne voulez pas qu'on vous appelle jolie fille, quoique ce nom vous convienne si bien! Je ne suis qu'un simple soldat, mais ceux de mon régiment... Allons! ce n'est pas le moment d'en parler.

— Croyez-vous, reprit Guite, que je ne sache pas ce que c'est qu'un régiment, une armée, une bataille?.. Oh! pardonnez-moi, Monsieur; mon père est un vieillard qui a été soldat aussi; mais il y a long-temps, très-long-temps, et il m'a parlé bien des fois de tout cela. C'est sa seule consolation.

— Vous êtes la fille d'un soldat! tant mieux, dit Lambert, ça me fait plaisir, je croyais que nous autres anciens nous ne savions faire que la guerre..., et cela me donne espoir... Eh bien! vous voulez me laisser déjà, quand j'ai encore tant de choses à vous dire! Ne craignez rien de moi, mademoiselle Guite; la fille d'un vieux camarade a droit à nos respects comme un sabre d'honneur et un bon officier...

— Certainement, reprit Guite, je répondrai avec plaisir à toutes vos questions, et vous ne m'inspirez aucune espèce de crainte; mais je vois que vous êtes fatigué, et si vous n'avez pas de parens dans notre bourg, il faut venir chez mon père, dont la maison est près d'ici; tenez, ce sont ces grands arbres qui vous la cachent. Mon père vous recevra avec plaisir. La vue d'un habit d'uniforme lui rend toute sa gaieté, cela le rajeunit, et moi je suis si heureuse de la joie de mon père!...

— Excellente fille! dit Lambert à demi-voix, elle ne sait pas tout le mal qu'elle me fait en me parlant ainsi de son père...

— Eh bien! ajouta-t-elle, ne voulez-vous pas entrer chez mon père? Cela serait bien mal à vous; tous les garçons qui reviennent de l'armée ne manquent pas de lui rendre visite... Il est connu dans tout le pays.

— Un moment, s'il vous plaît, mon enfant, répondit Lambert, je n'ai plus qu'une question à vous faire, et je vous obéirai après, ma parole d'honneur. Mais cette question... Que va-t-elle me répondre?... Moi! ne pas oser!... Un grenadier de la vieille garde! Allons..., tournons la position. Vous connaissez tout le monde ici, n'est-ce pas?

— Oh! à peu près, Monsieur, mais pas aussi bien que mon père. Chacun le consulte ici, M. le maire lui-même ne fait rien sans l'avis du père Lambert!

— Lambert!... c'est son nom, le nom de votre père!... Ce n'est pas possible, une si jeune fille... Est-ce une balle qui vient de me traverser le cœur?

Sa main tremblante pour la première fois glissa le long de son arme, ses genoux s'affaissèrent sous le poids de son corps, il fut obligé de reprendre à la hâte la place qu'il occupait avant l'arrivée de Guite. Il pâlit et jeta sur la jeune fille un regard rempli d'intérêt et de curiosité.

— Qu'avez-vous? Mon Dieu! s'écria-t-elle; on dirait que vous vous trouvez mal. Je le disais bien; c'est la fatigue... Oh! pauvre soldat!

— Ce n'est rien... Non..., non... j'ai soif!...

Tenez, jetez s'il vous plaît quelques gouttes d'eau dans mes mains.

— Si vous étiez venu à la maison..., cela ne serait pas arrivé. Serrez donc mieux vos mains, autrement l'eau se répandra entièrement. Comme cela... Vous trouvez-vous mieux ?

Lambert avait reçu dans le creux de ses mains l'eau limpide que Guite venait de puiser, il y porta avidement ses lèvres brûlantes et jeta le reste sur son visage ; la salutaire fraîcheur de ce breuvage sembla le ranimer tout à coup. La jeune fille effrayée s'était approchée de lui avec cet empressement d'un bon cœur qui exclut jusqu'à la défiance naturelle à la pudeur. Elle écarta d'une main timide les cheveux trempés de sueur qui couvraient le front du grenadier.

— Assez, assez, mademoiselle Guite, vous voyez bien que je ne puis répondre de moi, et je finirais par baiser cette jolie main... Non, non, ne craignez rien encore une fois. Cette eau m'a fait du bien ! Écoutez, jeune fille, je vous remercie des soins que vous avez accordés à un soldat qui vous est inconnu... Bientôt vous saurez qui je suis. Voyez-vous, pendant plus de vingt ans, j'ai couché sans me plaindre sur la terre couverte d'eau ou de neige, j'ai vu tomber à côté de moi des milliers de braves gens, j'ai marché sur leurs cadavres, j'ai vu bien des choses dont l'idée seule vous ferait frémir, et tout cela sans être ému... Il le fallait. Mais un soldat intrépide a un cœur, et il arrive enfin un jour, une heure où il faut qu'il s'en souvienne; un seul mot de vous m'a plus touché que tant de malheurs dont j'ai été le témoin. Vous comprendrez peut-être mieux cela tout à l'heure. Conduisez-moi chez votre père, mademoiselle Guite. Allons, ajouta-t-il en reprenant son fusil, en route, mauvais soldat! en avant marche!

La jeune fille le regarda avec étonnement, puis elle replaça sa cruche sur sa tête; et après avoir engagé le grenadier à la suivre, parce qu'elle voulait prévenir son père de sa visite, elle prit les devans, et s'élançant avec la rapidité d'une biche, malgré le poids incommode dont elle était chargée, elle se retournait de temps en temps en riant. Lambert ne la suivait qu'à une certaine distance, et ne pouvait éviter, avec autant d'adresse et de légèreté qu'elle, les petits ruisseaux que forment dans les chemins rocailleux de ces montagnes les infiltrations des eaux.

— Quelle jolie vivandière! murmurait-il, c'est bon et c'est vif comme la poudre... Quel dommage que ce soit ma sœur! Cependant ma mère était déjà morte depuis long-temps quand je suis parti, et mon père commençait à préférer la bouteille à une femme... N'importe! c'est ma faute, il n'aura pas voulu rester seul sur la terre. J'aime ma sœur de tout mon cœur... J'avais furieusement envie de l'embrasser; mais attention au commandement.

Ces réflexions, qui prouvaient en partie l'incertitude que Lambert éprouvait au sujet de l'identité qui pouvait exister entre le père de Guite et le sien d'après la ressemblance de leur nom, furent corroborées à la vue de la maisonnette dans laquelle la jeune fille entra. Le grenadier ne reconnaissait point ce lieu pour celui de sa naissance; il se rappelait bien au contraire que son père demeurait dans le village; mais il ne tarda pas à acquérir la certitude que ses premiers pressentimens ne l'avaient pas trompé.

Guite était ressortie presque aussitôt; elle s'était approchée d'un personnage fort âgé, que Lambert n'avait pas d'abord remarqué, et qui était assis sur un banc en bois adossé à la maison. Toute la façade était masquée par une vigne dont les branches recourbées en arceaux formaient une tonnelle de verdure. La jeune fille dit quelques mots à l'oreille du vieillard en lui montrant Lambert, qui s'était arrêté à quelques pas d'une haie en sureau, plantée en guise de cloison à peu de distance de la maison.

— C'est lui! c'est lui!.. s'écria Lambert, c'est mon père!...

— Entrez donc, camarade, dit le vieillard en se levant sur son séant et en portant la main à son chapeau.

Le grenadier obéit; il fit quelques pas en avant, mais il ne put proférer une seule parole; par un mouvement involontaire, d'une main il serra son fusil contre son corps, tandis que, portant l'autre à son bonnet de grenadier, il rendait au vieillard son salut militaire.

C'était un homme d'une grande taille et qui, dans sa jeunesse, avait dû être fort et vigoureux; car les muscles de son visage et de ses mains, recouverts seulement d'une peau sillonnée par les rides de l'âge, ressortaient d'une manière saillante et indiquaient encore une organisation puissante. Ses cheveux blancs comme la neige retombaient sur son cou, taillés en rond suivant l'antique mode des montagnards. Ses yeux, qui avaient conservé toute leur vivacité, adoucissaient l'expression sévère de son visage vénérable. Il portait une veste en drap épais, d'une couleur grise tirant sur le bleu, des culottes courtes et de grandes guêtres attachées au dessous du genou par une jarretière rouge. Cependant il y avait dans le costume du vieillard, commun au reste à tous les habitans de ce pays, deux objets qui concouraient à lui donner une apparence militaire, et qui rappelaient d'anciens services rendus à la patrie. Il portait sur sa poitrine une médaille en cuivre de forme ovale et taillée à jour, qui représentait deux épées croisées sur un fond en drap rouge. Avant que la révolution eût établi l'égalité des peines et des récompenses, c'était là le seul souvenir que le soldat sorti des rangs du peuple pût emporter dans ses foyers et montrer à ses concitoyens comme un gage de son courage et de ses services. La coiffure du vétéran ajoutait à l'idée que donnait de lui la médaille respectable dont il était décoré. C'était un chapeau à trois cornes, d'une forme très-basse, et dont la ganse en laine jaune retenait une large cocarde blanche.

— Eh bien! continua le vétéran, qui remarquait l'hésitation de Lambert, ne voulez-vous pas vous asseoir? ou plutôt entrez dans la maison, déposez-y votre havre-sac, votre giberne et votre fusil, et nous ferons plus ample connaissance le verre à la main, tandis que Guite préparera le souper, car bien certainement je ne vous laisserai pas partir ce soir. Guite! ma fille, un pot de vin et des verres...

— Je ne refuse pas, répondit Lambert avec émotion; d'ailleurs tout soldat ne doit-il pas respect et obéissance à un ancien comme vous?

— Obéissance! non, mon brave, mais bonne et franche amitié, car je crois voir un fils dans chaque militaire qui s'arrête un moment ici.

— Un fils!... murmura Lambert; qui sait s'il se souvient encore de moi!

Le grenadier se conforma promptement aux désirs de son hôte vénérable : il déposa ses armes et son bagage dans l'intérieur de la chaumière et revint s'asseoir sur le banc auprès du vieillard. Il était comme distrait et préoccupé, il avait perdu tout à coup ces manières franches et brusques que la vie aventureuse des camps et la liberté du bivouac inspirent au soldat. Timide et respectueux, il attendait en silence une occasion favorable pour se faire connaître; et faut-il le dire? cette jeune fille l'occupait plus encore. Il ne pouvait plus douter qu'elle ne lui fût attachée par les liens du sang; c'était une circonstance qu'il ne s'expliquait pas encore, mais qui lui causait une émotion involontaire. Si, pensa-t-il, il m'a entièrement oublié, j'abrégerai la durée de mon congé, et dès demain je continuerai ma route pour aller rejoindre mon autre père...

— A votre santé, mon brave! dit le vieillard. Mais que vois-je! la croix d'honneur!... et il se découvrit en le saluant de nouveau.

—Que faites-vous? s'écria Lambert; il saisit la main du vieillard et la serra avec expression...

— On doit honorer le courage, reprit le vétéran, cela convient surtout à un vieux soldat de Fontenoi! Je suis heureux que le hasard vous ait conduit chez moi, vous me raconterez vos campagnes, n'est-ce pas?... Je me souviens encore des miennes. Ah! sans doute vous avez vu plus de batailles que moi; depuis près de trente ans que dure la guerre, il est arrivé tant de choses... moi je suis d'un autre temps. Mais dites-moi, d'où venez-vous maintenant?

— De Paris... je voulais dire de Fontainebleau, car c'est là que tout a fini.

— De Paris!... avez-vous vu notre souverain? avez-vous vu le roi? Oh! je l'ai connu autrefois, quand monseigneur le comte de Provence n'était encore qu'un enfant. Il promettait alors de devenir un prince sage et bon, et j'espère qu'il fera le bonheur des Français.

— Le roi! dit Lambert en tressaillant involontairement, je ne le connais point; je suis soldat de Napoléon et de la garde impériale.

— Ah!... reprit le vétéran en jetant sur son fils un regard qui peignait à la fois l'étonnement et le regret. Mon brave, continua-t-il après un moment de silence, je serais fâché d'avoir même sans intention dit quelque chose qui vous déplût; j'avais oublié que cette malheureuse révolution a changé le cœur des Français. Mais je suis un homme franc et loyal, et je vous dirai qu'ancien serviteur des Bourbons, j'ai pris part à leurs malheurs, comme c'était le devoir d'un vieux soldat et d'un sujet fidèle. Mon enfant, il y a déjà quarante ans que mes cheveux sont blancs, j'attends la volonté de Dieu pour retourner à lui, je l'attends sans crainte, car je n'ai jamais manqué à aucun devoir, et je le remercie tous les jours d'avoir permis que nos souverains légitimes soient remontés sur le trône de leurs pères avant que j'aie fermé les yeux pour toujours.

— Je vous respecte, dit Lambert en s'inclinant avec gravité, et c'est moi qui suis fâché de ne pas avoir les mêmes sentimens que vous... aussi, ajouta-t-il d'une voix moins assurée, je crains de vous gêner, et je vais continuer ma route...

— Non, non, s'écria le vieillard, je ne suis point injuste, et je ne vois pas un ennemi dans celui qui ne pense pas comme moi. A mon âge, jeune homme, car je puis vous donner ce nom, on tient surtout aux souvenirs qui nous rendent aux premiers jours d'une vie qui va s'éteindre. J'ai admiré votre empereur tant qu'il n'a été que le chef de la révolution; mais quand il est monté sur le trône, il a pris une place qui, suivant moi, ne lui appartenait pas. Il a fait bien du mal à la France! vous servez sans doute depuis un certain nombre d'années, vous ne savez pas tout ce que nous souffrions pour tenir au complet l'armée; demandez à toutes les mères, interrogez tous les pères de famille...

— Vous pouvez avoir raison, mais je ne comprends rien à tout cela. L'empereur Napoléon n'a pris la place de personne; c'était notre chef, notre ami; il aimait tous les Français comme ses soldats, comme ses enfans. J'ai bien entendu dire quelques mots à Fontainebleau du roi et des princes dont vous me parlez, mais voilà tout, et c'était la première fois. Tenez, regardez cette cocarde tricolore, c'est celle sous laquelle j'ai combattu depuis mon enfance, je ne la quitterai jamais.

— Voici celle que porta sans doute votre père, mon brave, celle que les Français ont fait respecter durant plusieurs siècles jusqu'au moment où ils s'égarèrent au point de porter les mains sur leur roi... O malheur! malheur!... Jeune homme, cette idée est affreuse! Ah! ne croyez point que je m'offense de vos sentimens, malheureusement ils ne sont que trop répandus parmi les gens de votre âge; mais je ne puis parler sans douleur de cet horrible événement. J'avais vu souvent le père de Louis XVI, j'étais dans le régiment des gardes-françaises, qui, j'ose le dire, se comporta bravement à Fontenoi; on l'appelait alors Louis *le Bien-Aimé!* c'était un prince excellent, quoiqu'on dise que la fin de sa vie n'ait pas ressemblé aux premières années de son règne. Que Dieu nous protége! les rois peuvent faillir comme les autres hommes. Mais qu'avait fait ce pauvre roi qu'ils ont assassiné? Oh! combien j'ai pleuré sur son sort! j'avais dans ce temps-là un fils...

— Oui!... dit Lambert en tressaillant, et qu'est-il devenu?...

— Je vous parlerai de lui dans un autre moment, continua le vétéran; alors il était trop jeune pour comprendre mon chagrin; ce fut à cause de lui seulement, car j'avais déjà perdu sa pauvre mère, que je ne quittai pas la France, sur laquelle je croyais que Dieu allait répandre tous les fléaux de sa colère; j'en ai été bien récompensé... Mais laissons cela.

La providence a sans doute voulu nous pardonner tous les crimes de la révolution, puisqu'elle nous a rendu nos princes chéris, nos Bourbons. Non, jamais un homme n'a éprouvé la joie que j'ai ressentie quand le maire de notre commune fit arborer sur l'église le drapeau blanc, le drapeau de Fontenoi!... C'est moi, oui, c'est moi qui eus cet honneur. Nos jeunes gens, qui ont encore toutes les idées de la révolution, n'étaient pas bien disposés pour le roi; mais quand ils virent un homme de quatre-vingt-dix ans leur donner cet exemple et pleurer d'enthousiasme, ils se découvrirent avec respect et ils dirent tous avec lui, Vive le roi!

Le fidèle vétéran attendri s'appuya alors sur le bras de son fils, qui, étranger à tout principe politique et guidé seulement par la conscience de son dévouement militaire, écoutait avec une profonde attention cette expression touchante des regrets d'un soldat. Son cœur battit avec force, et son secret était sur ses lèvres quand le vieillard reprit la parole.

— Pardonnez-moi, jeune homme, dit-il, je

sens que vous ne pouvez avoir pour nos princes légitimes la même affection que moi, mais croyez-en la parole d'un homme à cheveux blancs, cela viendra un jour.

— Je ne le crois pas, dit Lambert d'un ton grave et triste, je pars pour l'île d'Elbe, je vais y rejoindre mon empereur. Nous sommes d'anciennes connaissances, et il n'y a que les lâches qui abandonnent les malheureux, même quand ces malheureux sont des princes.

— Cette résolution, reprit le vieillard, prouve que je ne me suis pas trompé et que vous êtes un homme estimable... Donnez-moi votre main, nous ne parlerons plus que de nos campagnes, et j'espère que nous nous quitterons satisfaits l'un de l'autre.

— Oh! c'est mon vœu le plus cher, s'écria le grenadier avec sensibilité. Mais me permettrez-vous de vous adresser une question. Cette jeune fille...

— Je devine ce que vous voulez dire, répliqua le vieillard en soupirant tristement, je ne suis point son père...

— Que se passe-t-il donc là dedans? dit Lambert à voix basse et en portant involontairement la main sur son cœur.

— Je crois vous avoir appris tout à l'heure que j'ai eu un fils, continua le vétéran avec tristesse; je n'aime point qu'on m'en parle, mais je vous le dis à vous qui êtes étranger, c'est parce que je ne veux pas laisser voir que j'aime la mémoire d'un ingrat. Oui, mon brave, oui, mon fils m'a abandonné, il m'a quitté sans me prévenir, sans s'inquiéter de ma douleur. Les enfans ne peuvent juger de toute la force de l'affection paternelle. Il ne savait pas combien je l'aimais; je n'avais que lui dans le monde, qui pût me consoler des malheurs du roi et de la France. Chacun ici me dit qu'il est mort, mais moi je ne le crois pas, je ne veux pas le croire. Non, avant de mourir, un père ne peut renoncer à l'espérance de revoir et d'embrasser son fils.

— Oh! ne pleurez pas ainsi... vous me rappelez une faute que j'ai commise... oui, celle que vous reprochez à votre fils.

— Je vous plains, je vous plains sincèrement; mais du moins, vous, vous avez un bon cœur, car vous n'avez pu voir sans en être touché couler les larmes d'un vieillard. Mais avez-vous donc agi comme mon fils? vous êtes-vous enrôlé sans consulter votre père?

— Oui, répondit Lambert d'une voix émue.

— Que Dieu vous pardonne! reprit le vieillard avec sévérité.

— Mais j'étais si jeune?... continua le grenadier, je me laissai entraîner: le son du tambour, la vue du drapeau...

— Et votre père!

— Il ne sait pas si je suis encore de ce monde. Croyez-vous qu'il me pardonnera quand il saura que son fils s'est toujours conduit en bon soldat, en homme d'honneur, et qu'il n'a d'autres reproches à se faire que celui d'avoir quitté son père?

— S'il vous pardonnera! s'écria le vétéran, je n'en doute pas, il sera touché de vos regrets et il sera fier d'un fils qui a honoré son nom.

— Eh bien! ajouta Lambert en ôtant son bonnet de grenadier et en fléchissant le genou devant le vieillard, pardonnez-moi donc, car je suis votre fils!...

— Etienne! Etienne!... mon fils! c'est donc bien toi?... Je t'avais reconnu! Oui : quand tu as paru de l'autre côté de la haie, quelque chose m'a dit que tu étais mon fils, et le son de ta voix m'a fait tressaillir.... Etienne, viens donc, laisse-moi t'embrasser...

— Mon père, mon bon père.... que vous me rendez heureux, cela m'étouffait... Maintenant je ne crains plus rien sur la terre.

Ils se jetèrent à plusieurs reprises dans les bras l'un de l'autre. Le père de Lambert regardait son fils avec une tendre admiration, il touchait ses cheveux, son uniforme, et deux fois il porta à ses lèvres la croix d'honneur qui brillait sur la poitrine du grenadier.

— Etienne! s'écria le père de Lambert dans l'effusion de sa joie, iras-tu à l'île d'Elbe? ne t'aurais-je revu qu'un moment? Attends un peu, mon fils, tu seras bientôt libre, car certainement je ne tarderai pas à mourir. Oh! je voudrais que Dieu me rappelât à cette heure, car je n'ai plus de bonheur à attendre sur la terre.

— Ne parlez pas ainsi, père, dit le grenadier qui, n'ayant jamais connu les doux épanchemens de la joie filiale, s'y livrait avec toute l'ardeur de son âme; il faut l'espérer, nous ne nous quitterons plus.... Puis il soupira malgré lui en prononçant ces paroles.

— A la bonne heure, Etienne, et je n'attendais pas moins de toi. Songe que je suis bien vieux, et que la pauvre Guite, toute bonne qu'elle est, ne pourra bientôt plus me rendre tous les soins qu'exige mon âge. Et si elle me perdait!...

— Père, qui est-elle donc, cette jeune fille?

— Je suis bien aise que tu me fasses cette question, et je dois même te prévenir avant que Guite ne revienne. C'est la fille d'une nièce de ta mère. Elle perdit son mari avant la naissance de l'enfant, et elle-même mourut de chagrin peu de temps après. La petite orpheline ne possédait rien; les parens du côté de son père sont de pauvres cultivateurs de l'Oisans, qui sans doute se seraient chargés de l'élever; mais quand on m'apprit tout cela je fis ce qu'aurait fait ta mère, et dès que Marguerite commença à marcher et à parler, je la pris avec moi. Elle m'appela son père; ce nom me faisait quelquefois bien du mal, il me rappelait la perte que j'avais faite....

— Mon pauvre père! dit Lambert avec attendrissement.

— Ne parlons plus de cela, tout doit être oublié maintenant, continua le vieillard. Je n'ai jamais jugé à propos de la tirer de l'erreur où elle est, et j'attendais pour cela une circonstance.... J'espère, Etienne, qu'elle se présentera bientôt. Si tu savais combien elle est bonne, quel dévouement, quel respect elle a pour ton vieux père!... Quelquefois sa tendresse pour moi me faisait illusion, et je m'imaginais aussi que Guite était ma fille... Tiens, la voilà.

— Quand vous voudrez, père, dit la jeune fille, tout est prêt maintenant.

— Oui, ma fille, oui, c'est très-bien; viens ici. Allons, ne rougis pas comme cela. Comment trouves-tu ce beau militaire que tu m'as amené?

— Pourquoi me faites-vous cette question, père? est-ce quelqu'un du pays?

— Sans doute, sans doute; ne t'ai-je jamais dit que tu avais un frère?...

— Un frère... Oh! souvent! est-ce lui? Que le bon Dieu soit béni. Etienne Lambert! ce beau soldat, c'est mon frère!

— Vous voudrez bien que je vous embrasse maintenant, Guite?

—Pourquoi me dis-tu *vous?* tous les frères tutoient leurs sœurs dans notre pays... N'est-ce pas, père, qu'il ne faut pas qu'Etienne me dise *vous?*

— Eh bien! Guite, laisse-moi t'embrasser encore, toi qui as eu si long-temps soin de notre père, je t'aime de tout mon cœur.

Le vieillard leva vers le ciel ses yeux où brillait la joie la plus pure, et s'appuyant sur le bras de son fils, tandis que Guite vive et légère marchait devant eux, il lui dit :

— Etienne, cette maison n'est pas celle où tu es né, mais je l'habite depuis vingt ans, c'est là que je dois mourir; que du moins ce soit toi qui ferme mes yeux... Mon fils, iras-tu à l'île d'Elbe?

CHAPITRE SEPTIÈME.

CHAPITRE VII.

Adieu !

Quel est celui qui, après une longue absence, ne s'est pas assis avec bonheur sous l'ombrage des arbres de son pays? Que la terre natale a de charmes! que son soleil est beau! que ses eaux sont limpides! L'air qu'on respire sur les montagnes où l'on reçut le jour est plus doux à recueillir que l'odeur des plus rares parfums des harems de l'opulent Osmanli. Oh! l'amour de la patrie est l'amour le plus pur et le plus vif des attachemens de l'homme, passager dans ce monde. Une sympathie mystérieuse l'attache à son berceau et au tombeau de ses pères... Celui qui porte un cœur généreux ne parla jamais de sa patrie absente sans donner quelques pleurs à son doux souvenir.

Oui, son absence est un mal qui flétrit l'âme, qui brise tous les ressorts de la pensée et de l'imagination; c'est un feu qui dévore, une idée déchirante qui absorbe l'intelligence. Le jeune homme, naguère grand et fort et qui est en proie aux sombres vapeurs de la nostalgie, maintenant pâle et faible, ressemble à un beau palmier qui, transporté dans nos froides latitudes, se flétrit peu à peu. Si de temps en temps le mystère de la végétation fait frémir ses larges feuilles, il semble qu'elles se dirigent avec amour du côté de l'Orient, où elles naquirent, et qu'elles demandent à l'homme de les rendre au vent fécond du désert.

Voici ce qu'on m'a raconté; c'est l'histoire d'un pauvre soldat inconnu; elle doit trouver une place dans ces souvenirs militaires.

Un régiment s'exerce à la manœuvre dans cette vaste esplanade qui avoisine la capitale, et à laquelle sa destination spéciale a fait donner le nom de Champ-de-Mars. Là des jeunes gens, appelés par la loi, des diverses provinces du royaume, et qui portent encore avec quelques parties de l'uniforme des vêtemens de leur pays, apprennent pour la première fois à se servir des armes que la patrie va leur confier pour la défendre et pour veiller à la sûreté de tous.

Un chef a levé son épée, et un long roulement du tambour retentit au loin dans la plaine et sur la rive opposée du fleuve. Les soldats forment des faisceaux de leurs armes, et à un nouveau signal du chef, ils rompent leurs rangs, ils cessent d'être échelonnés sur des lignes parallèles, et ils se séparent en formant aussitôt après des groupes joyeux et animés.

Parmi ces jeunes soldats, encore à demi citoyens, il en est un qui ne prend pas sa part de la joie d'un moment de repos, et qui paraît insensible au mobile tableau que présente l'esplanade. Il s'éloigne en soupirant de ses compagnons insoucieux, et va s'asseoir solitaire et pensif sur un tertre de gazon brûlé par le soleil et labouré sous les pas des nombreux promeneurs. Alors il lève vers le ciel un regard mélancolique, et semble suivre avec un intérêt triste, dans sa vaste étendue, la marche des nuages grisâtres que le vent pousse dans la direction du sud-est.

Quelle pensée affligeante et pénible occupe ce jeune homme?... Son cœur bat avec force, et quelques soupirs, qu'il voudrait en vain comprimer, s'exhalent difficilement de sa poitrine brûlante. Quelquefois ses yeux fatigués se baissent vers la terre, ou bien ils semblent chercher à découvrir dans le lointain un objet inconnu. Mais alors des gouttes de sueur coulent de son front sur son visage pâle : un sourire plein de tristesse entr'ouvre à peine ses lèvres décolorées.

Cependant c'est un homme d'une belle taille et d'une organisation forte. Il est peu de Français que l'habit militaire décourage; une sorte d'énergie belliqueuse semble mêlée avec leur sang. L'armée française n'est point formée du vil rebut d'une populace dégradée; ce sont nos enfans et nos frères qui obéissent à la loi et qui demeurent des hommes libres en passant sous les drapeaux. Non, ce ne peut être ce sentiment honteux qui afflige ce jeune soldat. L'étincelle du courage brille encore dans ses yeux humides; et dans ses traits mâles et réguliers, hâlés par le soleil du midi, on retrouve quelque chose de l'intrépidité et du sang-froid militaires.

Un sergent s'approche du jeune soldat et l'examine avec un vif intérêt durant quelques instants, mais lui ne s'aperçoit point de l'attention dont il est l'objet; seul au milieu de la foule de ses compagnons d'armes, il est renfermé dans sa pensée douloureuse.

— Jacques Besson, dit le sergent avec douceur, es-tu malade, mon brave garçon? ou bien es-tu amoureux, comme cela est bien possible?

— Malade! sergent, non, non, je ne le crois pas, s'écria Jacques avec agitation, et comme s'il eût été éveillé tout à coup au milieu d'un songe pénible.

— Alors, reprit le sergent, c'est que quelque belle fille en tablier blanc, au visage rose et riant, t'a donné dans l'œil, mon brave ami, car nous nous connaissons depuis long-temps, tu es le fils de Nicolas Besson, un bon voisin de mon père... Je vois d'ici la maison où tu es né.

— Vous la voyez, sergent? reprit Jacques en tressaillant... Oh! moi aussi!...

— Allons, garçon, mets ton chagrin dans ta giberne. Ils disent que nous allons avoir la guerre, ça doit te faire plaisir. Tu reviendras en Auvergne avec les galons de sergent. Qui sait? avec l'épaulette peut-être. L'ancien est bien devenu empereur de simple sous-lieutenant qu'il était.

— Oui, sergent, nous irons à la guerre..., bien loin..., bien loin...

— Je crois que tu pleures! Qu'est-ce que cela veut dire? est-ce que tu aurais peur, Jacques? ce n'est pas possible, un garçon du pays! Allons donc.

— Peur? oh! non, je voudrais mourir... Sergent, je la vois aussi la maison où je suis né. Je rêve sans cesse aux belles montagnes qui environnent la ville de Riom, il me semble que je me désaltère dans l'eau fraîche de l'Ambène... Voilà l'amour que j'ai dans le cœur.

— Jacques! mon pauvre garçon! que Dieu me pardonne, tu as le mal du pays.

— Le mal du pays?... Oui..., peut-être. C'est donc cela qui me tourmente? Il me semble que si je revoyais en effet un jour, une heure seulement mes chères montagnes, si je me promenais, sur les bords de l'Ambène, si je m'asseyais sur le banc de gazon qui est en face de la maison de mon père, je ne souffrirais plus, je serais guéri... Est-ce donc là le mal du pays, sergent?...

— Tu me fais de la peine, Jacques; si je t'écoutais plus long-temps je pleurerais comme toi. Prends courage, je demanderai pour toi un congé au capitaine.

— Il ne veut pas, sergent, il m'a refusé...; il dit qu'il veut me nommer caporal. Qu'est-ce que cela me fait? Oh! j'aimerais bien mieux revoir mon pays.

— Viens..., viens..., tranquillise-toi, je lui parlerai. Jacques, soyons bons amis et ne t'afflige plus ainsi.

Un nouveau roulement du tambour se fit entendre, et à ce signal les soldats reprirent aussitôt les rangs qu'ils avaient momentanément rompus, et Jacques faible et languissant se rendit à son poste avec plus de détermination, quand le sergent l'eut quitté après lui avoir serré la main avec expression.

Quelques jours se passèrent, et les démarches du compatriote de Jacques auprès de son capitaine furent infructueuses. Cependant il n'osait lui dire la vérité tout entière, il prétextait des retards causés par quelques formalités, et il essayait d'entretenir dans le cœur du malheureux jeune homme une espérance fugitive qui enfin l'abandonna tout-à-fait.

Jacques était méconnaissable, ses traits étaient altérés et une fièvre brûlante semblait le dévorer. Un moment l'idée de la désertion se présenta à son esprit, mais cette idée révolta sa probité; il la repoussa avec indignation. Elle passa dans son imagination affaiblie semblable à ces nuages d'été qui troublent un moment la sérénité d'un beau jour, et qui se perdent dans le vague des airs sans être suivis par l'orage. Bientôt le mal devint plus grave, l'infortuné Jacques ne fut plus en état de continuer son service, et il entra à l'hôpital.

Deux semaines s'étaient écoulées; l'art ne connaît d'autre remède à la nostalgie que le retour dans les lieux dont le malade a conservé un souvenir si ardent. Mais Jacques ne pouvait déjà plus jouir de cette faveur, lors même qu'elle lui eût été accordée. Il était sur son lit de mort; mais environné des ombres qui tombent sur des paupières prêtes à se fermer pour toujours, l'image riante de son pays, cause de ses douleurs, venait souvent encore en adoucir l'amertume. Dans le délire de la fièvre qui l'agitait, il nommait tous les lieux où il avait passé son enfance et que lui retraçait son imagination trop fidèle. Quelquefois même au milieu de la nuit, quand les gémissemens de ses compagnons de misère étaient étouffés par le sommeil, il chantait d'une voix mourante des chansons dans le patois de son pays.

Un vieillard et un jeune garçon se présentent aux portes de l'hôpital et demandent en pleurant à voir un moment Jacques Besson. Cette triste faveur leur fut sur-le-champ accordée. Ils s'approchèrent en tremblant du lit qu'on leur indiqua comme le sien ; alors ils jetèrent avec un désespoir silencieux des regards pleins de larmes sur le triste objet qui s'offrit à leurs yeux. Jacques ne les reconnut pas ; plongé dans une méditation profonde, et abandonné déjà aux premières atteintes de la mort, il ne fit aucun mouvement.

— Jacques ! dit enfin le vieillard d'une voix étouffée par les sanglots, ne me reconnais-tu donc plus, mon pauvre fils ?...

— Qui êtes-vous ? que me voulez-vous ? Je sens que je vais mourir... Voulez-vous venir avec moi sur la montagne ?

— Au nom de Dieu et de ton saint baptême, Jacques, reprit le vieillard, je suis ton père,

Nicolas Besson, ton père qui pleure sur ton sort; voici ton frère André. Reconnais-nous, mon fils, nous t'apportons des nouvelles de ta mère, de tes sœurs, de tes amis; nous venons d'Auvergne, des montagnes de Riom.

— Vous venez d'Auvergne!..

Le malade à ces mots, qui sortirent de sa poitrine semblables à un profond soupir, parut éprouver une crise favorable. Il rejeta ses couvertures, il fit un effort incroyable pour se lever sur son séant, et ses yeux caves et animés d'une sinistre clarté examinèrent un moment les personnes dont la voix avait trouvé le chemin de son cœur.

— Vous venez de l'Auvergne!... Attendez, attendez, reprit-il en écartant avec sa main les longs cheveux noirs qui tombaient sur son front pâle. Oui!.. oui, je vous reconnais bien... Mon père, mon bon père... mon André.

Ils pleurèrent tous trois en entrelaçant leurs bras.

— O père! dit Jacques, parlez-moi du pays, de notre pays bien aimé! ils n'ont pas voulu que j'y retourne, non, ils ne l'ont pas voulu. Père, vous souvenez-vous... Attendez. Bonjour, André, comme te voilà brave et grand maintenant! moi je vais mourir, vois-tu!... Père, vous souvenez-vous du temps où j'allais au marché à Riom? Vous m'attendiez toujours avec ma mère, à l'entrée de notre vallée, sous ces grands châtaigniers qui ombragent la belle fontaine de Notre-Dame-des-Fleurs... Ma pauvre mère, comme elle va pleurer!...

— Non, Jacques, reprit son père, non, nous t'emmenerons avec nous... Ecoute-moi, mon fils; si tu savais combien tu nous affliges!

— C'est la vérité, frère, ajouta André, tout le monde t'aime au pays. Que leur dirons-nous si nous y revenons sans toi?

— Vous m'emmenerez! s'écria Jacques en souriant tristement... Oh! je marcherai bien, je ne suis plus malade... Le lait de nos vaches me remettra, et puis j'embrasserai ma mère, je reverrai mes amis... Ah! que ces arbres sont beaux! quel bonheur!... Bonjour!...bonjour....

Il tomba évanoui dans les bras de son père...

Un militaire traverse à grands pas l'immense salle où tant d'hommes ont passé comme des ombres formées par les fantastiques illusions de l'optique. C'est le sergent; il tient à la main un papier qu'il déploie avec joie en s'approchant du lit de son compatriote.

— Jacques! Jacques!... voici un congé de six mois. Notre bon colonel ne m'a pas refusé, lui!.. du courage, mon brave ami.

— Paix! monsieur le sergent, dit le vieillard à voix basse, Jacques dort.

Le sergent saisit la main glacée du jeune soldat, et il secoua tristement la tête. Il était mort. La joie avait gonflé son cœur déjà plein de larmes, la joie l'avait tué plus vite que sa douleur.

— Bon père, dit le sergent en essuyant ses yeux humides, allons-nous-en. Jacques dort, mais il ne s'éveillera plus, il ne reverra plus la belle vallée de Riom.

— Des draps blancs au lit n° 9, cria d'une voix rauque un infirmier, qu'on enlève ce cadavre!....

Lambert avait quitté son pays dans un âge trop peu avancé pour avoir ressenti durant sa longue absence des impresions aussi vives. Son imagination, distraite de bonne heure par les événemens magiques au milieu desquels il se trouva, par ces grandes émotions qu'on éprouve sur les champs de bataille, ne lui rappelait qu'imparfaitement et à de longs intervalles les sites de son pays et les jours de son enfance. Il avait visité tant de climats divers, il s'était assis aux foyers de tant de peuples, que ce spectacle confus, cette foule de souvenirs de la guerre et de la victoire, avaient comme suspendu dans son cœur patriote les vives et tendres affections du sol natal. Quelquefois cependant, comme il l'avait dit à Napoléon lui-même, dans toute la naïveté de sa franchise militaire, quand autour des feux du bivouac, la nuit rassemblait les guerriers de la France il éprouva de fréquentes atteintes de ce sentiment ineffable et pur. Après des marches fatigantes et de sanglantes affaires, à cette heure où la sûreté de l'armée ne court aucun danger, et qu'il lui est permis de goûter quelques heures de repos, le soldat que tant de scènes tumultueuses ont ému se complaît alors à charmer ses loisirs par des souvenirs du pays. Les saillies piquantes et la gaîté nationale des soldats français se répandent dans ces entretiens, dont la licence insoucieuse des camps ne souille pas toujours la franchise et la douceur. Deux hommes nés dans la même contrée, et que le hasard a réunis sous la tente dans la terre étrangère, se communiquent avec une chaleur expansive les tendres souvenances de leur jeune âge, et ils s'embrassent comme des frères en parlant de leurs familles et des bonnes gens de leur hameau. Les soldats ne croient pas au lendemain, mais ils espèrent en lui, et ces rêves de l'avenir, ces fêtes du retour qu'ils se plaisent à prévoir, sur le champ même où le boulet meurtrier vient de décimer leurs rangs, a quelque chose de grave et de touchant qui parle au cœur de l'homme le moins facile à émouvoir.

Le conteur du régiment, ordinairement le soldat qui a le plus de chevrons, s'associe gaîment à ces doux souvenirs. Il a tout vu, aucune contrée n'est étrangère à ses vieux services, il connaît jusqu'aux patois des provinces de France; il s'entretient dans ce langage national avec ceux qui le parlent encore par une sorte d'affection filiale. C'est lui qui lit les lettres que les parens alarmés écrivent à leurs enfans exilés par la guerre, et dans lesquelles ils déposent les craintes touchantes de leur tendresse. Souvent aussi il est chargé d'y répondre, et au travers des phrases bizarres qu'il emploie pour exprimer sa pensée, il sait tellement s'identifier avec les affections qu'il veut peindre, que bien des larmes couleront en secret sur cet écrit, composé à la clarté du feu du bivouac, sur la caisse d'un tambour. Quant à lui, il n'a point de ces attachemens personnels, l'amitié de ses frères d'armes est sa seule parenté dans ce monde. Il ne se souvient point de son père; le jour de sa naissance, le nom qu'il porte fut inscrit sur les contrôles d'une compagnie, la vivandière du bataillon lui donna son lait, un vieux sous-officier dont il ne prononce point le nom sans tressaillir de respect fut son seul maître, et des grenadiers morts depuis long-temps lui apprirent à jurer et à se battre. Voilà toute son histoire; demain peut-être une balle ennemie mettra fin à cette existence étrange dans notre ordre social, le champ de bataille sera son tombeau, et quelques regrets de ses compagnons qui l'aimaient honoreront seuls sa sépulture inconnue.

Si le régiment a son Xénophon, il a aussi son Homère. C'est sa voix forte et sonore qui fait entendre dans les haltes et au milieu des loisirs du bivouac ces refrains qui parlent d'amour et de guerre, et dont la poésie est toute dans la pensée comprise du cœur du soldat. Si le conteur est son ami, le chanteur est son idole. Il est l'âme de ses jeux et de ses fêtes improvisées sous la tente, car la guerre a aussi ses heures de plaisir. Cette espèce de culte pour les ménestrels guerriers est un souvenir des mœurs de nos pères. Les chants nationaux eurent toujours une grande influence sur nos armées, et l'Europe n'oubliera pas combien de fois les baïonnettes françaises enlevèrent de formidables positions aux accens des milliers de voix qui chantaient les hymnes patriotiques des beaux jours de la jeune république.

C'est en présence de ces accidens de la vie militaire que le brave Lambert fut quelquefois rappelé aux affections de la famille et du pays, mais ces vagues sensations n'avaient pas en lui plus de durée que les causes qui les avaient produites. Maintenant ce n'était plus seulement le prestige des souvenirs qui agitait son cœur; c'était la réalité du bonheur dans toute la puissance de ses enchantemens. Il vivait de cette vie délicieuse qui attend l'homme simple et bon sous le toit de ses pères, au sein de sa famille. Cette liberté des actions inconnue du soldat, cette indépendance de l'homme qu'asservit au contraire la discipline militaire, ces entretiens familiers, cette réciprocité de sentimens et d'obligeance qui forment les liens de la famille et du bon voisinage, étaient autant de jouissances dont le grenadier de la vieille garde ignorait le charme et la douceur. Il s'y abandonna avec toute la chaleur d'une belle âme, avec toute la franchise d'un cœur généreux.

Le retour de Lambert dans ses foyers avait été une grande nouvelle dans la paisible vallée de Beaumont. A quel homme du pays le vieillard désolé n'avait-il pas raconté sa douleur, lorsque son jeune fils disparut tout à coup d'une manière si inattendue! Chacun s'était associé à son chagrin, car le père de Lambert était aimé et respecté de ses compatriotes; la pureté de ses mœurs l'autorité de l'âge lui donnaient depuis long-temps une influence dont le pouvoir ne saurait investir ses agens. La confiance de ses compatriotes l'avait initié à toutes leurs affaires domestiques; on recevait ses avis avec reconnaissance, et des hommes divisés par l'intérêt se rapprochaient sans arrière-pensée, quand le vétéran avait prononcé, quelquefois avec sévérité, sur leurs contestations. Si chacun avait partagé sa douleur, chacun aussi voulut goûter une part de sa joie. Ces bienveillantes marques de l'intérêt public réchauffaient le cœur du vieillard, et il jouissait, dans toute la pureté de l'orgueil paternel de l'estime qui environnait son fils.

Il n'y avait si pauvre cultivateur dans la vallée de Beaumont qui n'eût chômé comme un jour de fête une visite des deux vétérans. A leur approche les ménagères couvraient la grande table de noyer d'une belle nappe blanche; les chefs de famille et les garçons s'esquivaient un moment pour aller passer leurs plus beaux habits, car, malgré la simplicité des mœurs, c'est là une de leurs manières d'honorer leurs hôtes. On était alors au mois de mai; c'est l'époque où les sites pittoresques de ces montagnes étalent toutes les beautés que la nature s'est plu à y répandre, c'est l'époque où une végétation rapide et vigoureuse anime leurs collines boisées, et où la floraison des plantes balsamiques qui parent les champs remplit l'air de suaves émanations. Chaque soir, quand le soleil devenu moins brûlant commençait à pâlir à l'horizon, le vieillard appuyé d'un côté sur une canne noueuse en épine blanche, dont une corne de chamois formait la paume, de l'autre sur le bras de son fils, allait promener dans le pays son bonheur et sa joie. Ces deux représentans de la gloire française, dont l'un rappelait les derniers actes de vie d'une monarchie près de s'éteindre, l'autre toute la force d'une société nouvelle, étaient accueillis partout avec autant d'affection que de respect.

Ce fut surtout le dimanche qui suivit le retour du grenadier que le vieillard jouit dans toute son étendue du bonheur d'être père. Chrétien pieux et zélé, comme il ne négligeait aucun des devoirs que sa conscience lui imposait, il ne manquait jamais malgré son grand âge, même au milieu des rigueurs de l'hiver, d'aller entendre la messe à l'église paroissiale du village. Il n'avait point voulu s'informer des sentimens de son fils sur ce sujet important; sa raison lui disait qu'un homme privé si tôt des conseils et de l'exemple salutaire de ses parens ne pouvait avoir une foi aussi vive que lui-même. D'ailleurs il croyait que les soldats de l'empire avaient hérité de l'esprit d'impiété de la révolution; il plaignait son fils et ne se sentait pas le courage de combattre ses erreurs. Le vétéran se trompait à cet égard. Napoléon est mort consciencieusement dans la foi de ses pères : restaurateur du culte en France, cet acte de haute politique fut aussi chez lui la manifestation d'un sentiment profond et vrai. Il n'y a point de grand génie qui ne soit animé par une pensée religieuse; mais en rétablissant le culte, il avait sagement circonscrit ses ministres dans le cercle de leurs vénérables fonctions. La France voit ce qu'il lui en coûte aujourd'hui qu'une piété sincère et respectable sans doute, mais qui pourrait être plus prudente, facilitant l'essor d'un zèle aveugle et dangereux, a laissé le prêtre s'immiscer dans les choses qui l'éloignent du tabernacle. Napoléon avait donné à ses soldats l'exemple de la tolérance et du respect pour toutes les opinions religieuses; il ne faisait point de la religion un devoir, mais le droit de tous.

Lambert se rendit avec empressement au désir de son père, et, accompagnés de la jolie Guite, il se mirent ensemble en marche pour l'église aux premiers sons de la cloche. Le grenadier avait revêtu le grand uniforme de la vieille garde; le ruban rouge de sa croix d'honneur ressortait sur les revers blancs de son habit; il portait la culotte courte, les bas de soie blancs et les souliers à boucles d'argent qui faisaient remarquer la tenue propre et sévère de ce corps formidable, durant les séjours peu prolongés qu'il faisait à Paris. Le vieillard avait repris l'habit qu'il portait à Fontenoy; il y avait long-temps que serré avec soin, en lui rendant de solitaires visites, il avait désespéré de le revêtir encore une fois. Guite, ivre de joie et si jolie sous le costume piquant des femmes de ces montagnes, les précédait et s'arrêtait de temps en temps pour cueillir des fleurs dont elle venait orner leurs boutonnières. Le pauvre Lambert n'écoutait déjà plus son père qu'avec distraction, et la douce voix de celle qui l'appelait son frère remplissait son cœur d'une agitation inconnue qui portait le trouble dans toutes ses pensées.

Le curé du village était un de ces prêtres vénérables dont la tolérance et la piété font aimer la religion; le maire était un honnête cultivateur digne par son caractère et ses mœurs de la magistrature populaire qu'il exerçait. Ces deux hommes honorables accueillirent Lmbert avec distinction; il obtint à côté de son père une place dans le chœur.— Mon fils, lui dit le curé, nous vous revoyons avec plaisir parmi nous; Dieu a mis fin à la guerre qui désolait notre pays, conjurons-le ensemble qu'il nous conserve la paix dont nous étions privés depuis long-temps; la prière d'un soldat qui a bien servi la patrie doit être exaucée. — Mon garçon, lui dit le maire, vous servirez d'exemple à nos jeunes gens; la décoration que vous portez n'est pas seulement un gage de votre bravoure, elle honore le pays où vous êtes né.

— Qu'ai-je donc fait, se demandait Lambert dans sa simplicité modeste, qu'ai-je donc fait pour mériter tant d'égards?

Les jours succédaient aux jours, et le grenadier, distrait par ces jouissances pures qui étaient autant de séductions pour son cœur naïf et bon, ne se préparait point à rejoindre son illustre chef, dont cependant le souvenir était loin de s'effacer dans son imagination.

Souvent après une belle journée où, tour à tour comblée de toutes les joies qui peuvent agiter un homme, il avait reçu des preuves multipliées du respect et de l'intérêt des gens du pays, et les caresses plus enivrantes encore de la confiante Guite, Lambert reportait sa pensée vers l'île éloignée où peut-être son empereur exilé se souvenait de ses promesses et se plaignait de son ingratitude. Il se rappelait les adieux qu'il avait faits à ses héroïques compagnons, qui, plus fidèles que lui, jouissaient maintenant de leur ancien privilége en veillant à la sûreté du héros.

Ces réflexions venaient ainsi troubler la sérénité de son âme et le bonheur paisible et obscur, mais pur et inexprimable, qui l'attendait dans le hameau natal et sous le toit de son père. Et puis cette agitation perpétuelle, ces commotions violentes qui partagent la vie du soldat, semblaient déjà lui manquer. Les habitudes de l'homme sont une partie de son existence; celui qui apprit à guider une frêle barque sur les flots orageux des mers du nord, regretterait son ciel menaçant et couvert de nuages sur les mers plus tranquilles du sud, où une brise parfumée enfle la voile du pêcheur qui, à demi penché sur sa rame, laisse voguer en chantant sur les flots azurés son embarcation pavoisée de rubans et de fleurs.

Mais quelle pensée fraîche et riante vient tempérer dans le cœur du vétéran, la tristesse de ces regrets et ces souvenirs du drapeau?.. Il ignore lui même la cause de son indécision. Quel pouvoir enchaîne ses pas quand il peut croire que l'honneur exige qu'il fasse le sacrifice de son repos? Jamais, non, jamais il ne ferma l'oreille à la voix austère du devoir, et cependant aujourd'hui il hésite et il souffre. Oui, celui qui supporta l'inclémence de tant de climats divers, un soldat qui grandit dans les camps, dont tant de cruelles et longues privations ont dû fermer l'âme aux passions qui naissent surtout dans le calme de la vie sociale, n'a pu soutenir le doux regard d'une jeune fille.... Sans doute il a souvent connu ces rapides momens de plaisir qui, semblables aux plus trompeuses illusions de la vie, ne laissent rien après eux. C'est une fausse idée du soldat de croire qu'il n'y a rien de sérieux dans les attachemens du cœur, et que les sermens faits aux femmes ne sont point protégés par l'honneur. Peut-être l'instabilité de sa vie rend-elle moins condamnable une morale aussi contraire à la raison et au but de la société; l'amour n'est pour lui que l'oubli des dangers, c'est un beau jour au milieu de son existence orageuse.

Mais Marguerite, blanche et légère, et remarquable encore parmi ses fraîches compagnes, Marguerite, devenue sacrée à Lambert par la constance et l'ingénieuse activité de sa piété filiale, n'est point à ses yeux comme ces filles d'Allemagne ou d'Andalousie dont il recueillit autrefois les sermens trompeurs et les faveurs passagères. Sa confiance fraternelle, sa jeunesse, ses grâces naïves, inspirent au vétéran un sentiment tendre et délicat dont la nouveauté abuse son cœur. Il ne comprend pas la pensée intime et profonde qui l'occupe tout entier, il ne sait pas de quel nom il peut appeler cette situation morale dont il n'éprouva jamais les impressions inexplicables. Il doit respecter le secret de son père, et vingt fois déjà il a pensé le trahir. Il n'ose répondre aux expressions familières qu'une amitié tendre et sincère dicte à Marguerite. Sa présence lui cause souvent un trouble inexprimable; il rougit, il balbutie tout à coup quand l'imprudente main de la jolie fille se promène hardiment sur les longues moustaches qui ombragent ses lèvres, car Marguerite les trouve affreuses, et elle conjure son frère de les faire disparaître. Lambert lui épargne maintenant autant de travaux dans le ménage que cela est possible aux habitudes et à la dignité d'un homme. Le son de sa voix le fait tressaillir, il reconnaît le bruit léger de ses pas... Pauvre Lambert!... Oh! l'amour!... Comme il triomphe aisément de toutes les affections de l'homme! Comme sa pensée égoïste et jalouse remplace promptement dans son cœur toutes les autres pensées! Le grenadier de Napoléon s'abandonne involontairement à tout le charme de ses espérances rêveuses; il ne cherche point à combattre un danger qu'il ignore, car il ne sait pas combien il aime, il ne s'est point encore avoué à lui-même que ce n'est plus la chaîne légère de l'amitié qui l'attache à Marguerite.

Les premières ombres du soir commencent à peine à cacher le sommet des montagnes et la cime des arbres de la vallée de Beaumont. Marguerite a été absente une partie de la journée ; son père l'a envoyée au village pour des choses du ménage, et dont elle est spécialement chargée. Cette absence a inquiété Lambert ; dans le cours de la journée il a éprouvé des serremens de cœur qu'on appelle des pressentimens et qui l'ont attristé. Plusieurs fois, guidé par une vague et mystérieuse appréhension, il a été comme au devant d'elle sur le chemin qui conduit à Saint-Laurent. Il a prêté l'oreille avec une attention douloureuse, il s'est promené avec agitation dans l'avenue de châtaigniers qui avoisine la maison de son père. Rien ; Marguerite est ordinairement plus prompte à remplir ses devoirs ! Lui serait-il arrivé quelque malheur ? Il était ainsi pensif et agité sur le seuil de la porte, et portant au loin des regards inquiets, quand il l'aperçut enfin à l'extrémité de l'avenue. Était-ce donc bien Marguerite ? Oui, sans doute, il est impossible de s'y m'éprendre ; elle porte ce casaquin bleu attaché sur une robe courte qui dessine si bien sa taille charmante, et ce chapeau de feutre orné d'un large ruban, coiffure habituelle des femmes de ces montagnes, qui fait paraître Guîté plus grande et plus élancée; mais elle marche avec moins de vivacité que d'habitude; on dirait qu'elle est triste et rêveuse. Qu'a-t-elle donc?

Cependant c'était bien elle, et Lambert rentra aussitôt dans la maison dont il parcourut à grands pas la salle basse; il croyait que le retour de la jeune fille suffirait pour calmer ses inquiétudes, mais sa présence lui avait causé une inquiétude plus vive encore que son éloignement. Il cherchait vainement à se remettre du trouble étrange qui venait l'assaillir, mais Guite ne paraissait pas. Lambert sortit de nouveau pour savoir ce qui avait encore pu retarder la rentrée de sa sœur..., car c'est ainsi que, pour se tromper lui-même, il se plaisait à la nommer dans son imagination. Il s'arrêta tout à coup... Elle était là, auprès de lui, assise sur le banc adossé à la maison, mais elle semblait fatiguée et comme recueillie en elle-même ou occupée de quelque pensée triste.

— Eh bien, Guite, dit-il à demi-voix, quel

motif a pu vous retenir si long-temps, et qu'avez-vous maintenant?

La jeune fille tressaillit; elle leva aussitôt les yeux vers Lambert, qui, appuyé sur un des poteaux de la porte, était à demi penché vers elle ; puis elle se prit à sourire avec la grâce et la naïveté de l'innocence.

— Mon frère, répondit-elle avec une légère marque d'humeur, toujours vous!... Oh! je t'appellerai *monsieur* bien certainement.

— Non, reprit Lambert, appelle-moi encore ton frère; mais vois-tu, aujourd'hui je crois que je ne t'aime pas, je suis en colère...

— Est-ce bien possible, Étienne?... Oh! cela passera certainement comme ce nuage qui se balance au dessus de nos têtes et qui va nous cacher un moment ces belles étoiles.

— Puisque nous sommes fâchés, asseyez-vous là, Monsieur.., à côté de moi.., plus près... C'est donc bien sérieux! Comme cela, à la bonne heure. Maintenant, mon bon frère, pourquoi es-tu fâché contre moi?

— Parce que tu as été trop long-temps absente, Guite, parce que je te cherchais, je t'appelais en vain ; je ne te voyais pas, tu ne me répondais pas. Je crois que le père t'a demandée plusieurs fois aussi.

— Le père ! Écoute, Étienne, ce n'est point ma faute; non, j'ai été retenue bien malgré moi... Mon frère, j'ai de gros chagrins dans le cœur, je te les dirai.

— Tu as des chagrins, Guite, tu me les confieras... Qu'est-ce que cela veut dire? Le père connaît-il le sujet de tes peines?

— Non, Étienne, répondit Guite, dont l'obscurité qui commençait à régner déroba la rougeur subite. C'est toi qui les lui feras connaître, mon bon frère...

— Tu as donc de la confiance en moi? tu m'aimes donc, Guite, quoique nous nous connaissions si peu?...

— Oh! je t'aime tendrement, Étienne, mais je te connaissais, moi! Le père m'avait si souvent parlé de ce frère qui était parti depuis long-temps!...

—Dis-moi, Guite, reprit Lambert avec plus d'émotion, si je n'étais pas ton frère, si j'étais un étranger à tes yeux, aurais-tu pour moi la même amitié?...

La jeune fille regarda le grenadier avec un étonnement difficile à décrire, et par un mouvement involontaire elle s'éloigna de Lambert, et se retira à l'extrémité du banc sur lequel ils étaient assis.

— Pourquoi, répondit-elle avec hésitation, me fais-tu une semblable question, Étienne?... Si tu n'étais pas mon frère!... mais quelle folie! tu l'es, n'est-ce pas?... ajouta-t-elle en se rapprochant de lui, et en plaçant ses mains dans les siennes, tu es mon frère aîné, mon protecteur, mon ami... Vois-tu, Étienne, le chagrin dont je te parlais tout à l'heure... non : pas ce soir..., demain je te dirai tout.

Ici la voix du vieillard, forte encore, retentit

dans toute la maison, et ils se hâtèrent de lui obéir. Lambert n'eut que le temps de dire à sa sœur : — A demain donc, Guite!

Le grenadier dormit peu ; les semi-confidences de la jeune fille l'avaient vivement troublé. Toutes nos passions sont marquées tour à tour par le découragement et l'espérance. Peut-être, pensait-il, pourrai-je demain lui faire un aveu tout entier. Mais pourquoi cela? je ne songe plus qu'à Marguerite, je ne vois qu'elle... Si elle en aimait un autre!.. Eh bien! ne faudrait-il pas qu'une jolie fille ait attendu pour aimer un vieux grognard comme moi, qui n'a pas une bonne parole à lui dire? Malgré la sagesse de ce raisonnement, Lambert s'attachait avec plus de force à l'idée qui flattait son cœur, à celle qui lui permettait de croire que Marguerite pourrait l'aimer quand elle connaîtrait leur position véritable.

Il fut debout aux premiers rayons de l'aurore; l'air du matin était vif et pur, mais la longue promenade qu'il fit dans les environs de la maison de son père ne parvint pas à rétablir le calme dans ses pensées. Au moment de revoir sa sœur et d'obtenir d'elle un aveu qui devait mettre fin à ses incertitudes, il était plus irrésolu, plus incertain que jamais, et il doutait encore de la violence de son amour, que déjà il était en proie à toutes les angoisses de la jalousie. Au moment où Lambert allait entrer dans l'avenue de châtaigners, il aperçut à quelque distance Marguerite et un grand et beau garçon du pays avec lequel elle paraissait avoir un entretien sérieux.

Lambert s'arrêta tout à coup en frémissant; une sueur froide coula de son front, il porta la main vers son cœur, et eut besoin de s'appuyer sur le tronc noueux d'un châtaignier que le temps avait courbé jusqu'à terre. Mais ce mouvement de faiblesse, rapide comme la pensée, ne dura qu'un moment; la fermeté naturelle du vieux soldat reprit tout son empire sur sa raison. Aussi long-temps qu'il avait espéré, il n'avait été qu'un homme ordinaire; car c'est dans l'infortune seulement que les cœurs généreux se montrent dans toute leur force et dans toute leur beauté. Il crut d'abord qu'il s'était trompé, mais il lui fut bientôt impossible de s'y méprendre; c'était bien Marguerite qu'il voyait. Le jeune homme semblait lui faire ses adieux; il portait un havresac en toile et de grandes guêtres de voyage; et de temps en temps Guite essuyait ses yeux avec un mouchoir qu'elle tenait à la main. Enfin ils semblèrent se séparer à regret; mais avant de partir le beau garçon serra plusieurs fois Guite entre ses bras; il s'éloigna ensuite à grands pas, et se retourna souvent en faisant des signes à la jeune fille, qui demeurait immobile à la place où il l'avait laissée.

Le grenadier ne pouvait plus douter de son malheur; Guite aimait un jeune homme du pays, que quelque circonstance particulière éloignait momentanément peut-être, mais elle l'aimait...

— Adieu, Marguerite, murmura-t-il en soupirant; oui, adieu pour toujours. J'ai appris à souffrir de bonne heure, et tu n'entendras sortir aucune plainte de ma bouche : mais je te laisserai ton erreur; tu m'aimeras du moins comme un frère.

Depuis ce moment Lambert évita entièrement les occasions d'entretenir Guite en secret. Il lui adressait quelquefois la parole avec la même douceur et le même intérêt, mais il ne la suivait plus des yeux avec la même tendresse; étouffant dans son cœur les regrets qu'il éprouvait, il paraissait insensible à ses naïves caresses, qu'il savait repousser sans alarmer l'amitié tendre et naïve de la jeune fille. Il était plus souvent auprès de son père, qui écoutait, avec l'enthousiasme d'un ancien militaire et l'attention patiente d'un vieillard, le récit de ses campagnes en Égypte, en Espagne et en Russie. Souvent leurs entretiens roulèrent sur Napoléon; et le soldat de Louis XV, à mesure que son fils lui parlait, avec la chaleur et l'énergie de son attachement sans bornes, de ce grand caractère, laissait percer autant d'admiration pour sa gloire que pour son infortune. Il avait été présenté au maréchal de Saxe, qui s'était naturalisé français à la tête de nos grenadiers, et ce qu'il entendait dire de Napoléon, détruisant peu à peu ses préventions, lui faisait regretter de n'avoir jamais vu l'empereur.

Mais Lambert n'était point tranquille; la

voix du devoir parlait haut à sa conscience, et quand sa pensée se reportait vers son ancien chef et vers ses braves compagnons, la rougeur lui montait au front, il se reprochait comme un crime les jours qu'il passait loin d'eux. Souvent au milieu de son sommeil il croyait entendre l'appel de sa compagnie, et quand son nom frappait son oreille, il se réveillait en répondant : Présent! Il était devenu triste et rêveur, mais son parti était pris, et la crainte seule d'affliger son vieux père combattait en lui sa résolution de rejoindre promptement ses drapeaux exilés.

Déjà les réalités de la restauration démentaient ses promesses, faites dans un premier moment d'abandon et de joie. Des nuées d'émigrés obscurcissaient les avenues du trône, et la haute sagesse de Louis XVIII luttait avec peine contre les folles exigences et l'incorrigible audace de ces hommes que leur fidélité aux Bourbons ne saurait excuser. Déjà le signe de l'honneur était prodigué avec une profusion qui révélait le dessein bien formel de l'avilir. Les vieux défenseurs de la patrie étaient tous les jours l'objet des attaques les plus odieuses et les plus insolentes. Pour eux le mépris, pour leurs ennemis les honneurs et les grâces de la cour. La Charte, à peine concédée, était un sujet de raillerie pour les courtisans, et chaque jour on en violait l'esprit et la lettre avec une scandaleuse impunité. Il suffisait d'afficher des principes contraires à ceux de cette transaction politique pour mériter les distinctions et les faveurs d'un pouvoir imprudent. Et aujourd'hui même, après quinze années, n'est-ce pas encore le mépris séditieux pour les institutions publiques qui ouvre à d'hypocrites ambitieux le chemin des grandeurs?... L'esprit public commençait à s'indigner de tant d'outrages et de blasphèmes. Tout ce que la France avait aimé, tout ce qui faisait son orgueil et sa gloire était avili, foulé aux pieds; le fils d'un assassin était promu à un haut grade militaire, et les épurations dictées par cet esprit politique, dévot, tracassier et vindicatif, atteignaient enfin les siéges des magistrats. Dès ce moment tout homme raisonnable aurait pu prédire de nouveaux malheurs à des princes qui, oubliant leur long exil, allaient être une seconde fois victimes des conseils perfides et intéressés de leurs serviteurs, dont le courage allait bientôt encore aussi disparaître avec la prospérité des Bourbons.

Telles étaient les tristes pensées que les journaux, alors fidèles échos du pouvoir, faisaient naître dans toutes les parties de la France. Ce n'était pas seulement aux Tuileries que les gentilshommes campagnards étaient insolens, et que leurs ridicules rodomontades avertissaient la raison publique; ils affectaient dans les départemens une audace plus grande, et qui avait plus de portée. Ils parlaient en maîtres irrités, et nous menaçaient déjà de la glèbe féodale, nous enfans de la république!.. Mais laissons un moment ces souvenirs qui irritent l'imagination.

Le vertueux et honorable maire du village qu'habitait Lambert avait été remplacé par un noble marquis, qui habitait Grenoble, et dont les habitans connaissaient à peine le nom. Tout changeait autour du grenadier de Napoléon, et les outrages dont son victorieux uniforme était l'objet, augmentés encore dans les récits populaires, exaltaient sa douleur, et lui rappelaient avec force la promesse qu'il avait faite à son empereur. Un incident bien simple et peu remarquable mit fin tout à coup aux combats qui s'élevaient depuis quelque temps entre son dévouement à son chef et son tendre respect pour son père.

Le notaire du pays, vieillard simple et honnête, attaché, comme le père de Lambert, aux souvenirs de l'ancienne monarchie, allait à la ville une fois par semaine pour des affaires relatives à ses fonctions. Il avait l'habitude d'en rapporter les journaux et de s'arrêter un moment devant la maison de son ancien ami. Un jour que, suivant sa coutume, il avait remis au vétéran les feuilles publiques, il lui fit remarquer et il lut à haute voix un article sur l'île d'Elbe, où tout ce qui concernait l'empereur était travesti de la manière la plus impudente et la plus ridicule. On disait que, dévoré de remords, il passait une vie misérable, en proie à la crainte des assassins, et que ses grenadiers l'avaient presque tous abandonnés (1).

(1) En consultant les journaux du temps, on se convaincra que l'imagination du romancier n'est ici pour

Lambert assistait à la lecture de cet étrange document; il réprima avec peine un mouvement involontaire de colère et d'indignation; mais, quand l'ami de son père se fut éloigné, il se leva tout à coup, et se promena avec agitation, en protestant d'une voix émue contre ces infâmes calomnies.

— Étienne, dit le vieillard, à qui le trouble de son fils n'avait point échappé, ces nouvelles te font de la peine, mon garçon, mais peut-être ne sont-elles pas bien vraies.

— Père, s'écria Lambert, je puis le jurer, et ceux qui osent dire des choses semblables en ont menti. Mais il ne s'agit pas de cela, continua-t-il avec moins de vivacité, depuis quelques jours je ne suis plus le même; je souffre, et je n'ai osé vous en dire la cause, quand vous me l'avez demandée. Père, je vous ai trompé; pardonnez-moi.

— Tu vas encore me quitter, mon fils, ré-

---

rien. Le système de mensonge a été porté beaucoup plus loin à cette époque.

pondit le vétéran avec calme et dignité... Que la volonté de Dieu s'accomplisse!

— Oui, père, reprit le grenadier, c'est la volonté de Dieu sans doute, car l'honneur m'en fait un devoir. C'est pour vous, pour vous seul que je me suis séparé de Napoléon; nous ne nous sommes point dit adieu pour toujours; il ne m'a pas rendu les sermens que je lui ai faits. Il est encore mon chef et mon empereur; Etienne Lambert ne lui manquera pas. S'il est malheureux, s'il est vrai que mes camarades l'aient abandonné dans cette île maudite, il y a sur la terre un homme, un simple soldat, qui lui sera fidèle jusqu'au dernier soupir. Père, recevez mes adieux, et, encore une fois, pardonnez-moi. Ma première faute m'a fait vieillir loin de vous, ma perte vous sera moins sensible.

— Écoute, Lambert, reprit le vétéran avec émotion; un père ne s'habitue pas à se priver de son fils; il me reste peu de temps à passer sur la terre, je désirais te conserver auprès de moi jusqu'au moment où il me faudra tout quitter. Oui, je le désirais; mais le ciel sait que je ne l'espérais pas. Tout ce que tu m'as dit de ton empereur lui a donné une place dans mes respects; mes vœux seulement seront toujours pour le roi. Va, suivons tous les deux notre destinée;... mais ne m'oublie pas, si je ne dois plus te revoir.

— Père, dit le grenadier en s'agenouillant devant le vieillard, si jamais l'empereur reprenait sa puissance, je lui demanderais mon congé, et je reviendrais pour prendre soin de vos vieux jours; mais si le malheur..... Père, que je n'emporte aucuns regrets avec moi; ne souhaiterez-vous pas un heureux voyage à votre fils?

— Mon Dieu! répondit le vétéran en levant ses deux mains vers le ciel, écartez de mon brave fils tous les malheurs qu'il pourrait éprouver. Oui, Etienne, je te bénis; sois toujours loyal et sans reproches; mais si jamais tu fais encore la guerre, protége les vieillards en souvenir de moi, qui pleure en te quittant, qui t'aime et qui admire ton courage. Car je connais ton cœur; tu souffres, n'est-ce pas? de te séparer de ton père. Je l'espère, la bénédiction d'un homme de mon âge, soumis aux volontés de Dieu, et fidèle à son roi comme tu l'es à ton chef, te portera bonheur. Adieu, Etienne; adieu, peut-être pour toujours! Que je t'embrasse pour la dernière fois.

Lambert se jeta dans les bras de son père, et essuya d'une main tremblante les larmes qui inondaient ses traits vénérables.

— Etienne, reprit-il après le moment de silence qui suivit ces touchantes effusions de leur cœur, quand comptes-tu partir?...

— Mais, père, répondit Lambert à demi-voix et avec hésitation, demain..., si vous le permettez.

— Non, non, je te remercie, ajouta le vétéran; mon fils, le soleil est encore bien haut; il vaut mieux pour tous deux que tu partes à l'instant. Guite n'est pas ici; demain il faudra tout lui dire; ce seront de nouvelles explications, de nouvelles larmes peut-être... A mon âge, vois-tu, de semblables émotions sont dangereuses. Cette nuit je songerais combien ton départ est prochain... Va, on supporte mieux un malheur irréparable.

Le grenadier obéit sans réplique à des conseils qu'il regardait comme des ordres dans la bouche de son père. Il reprit son costume de voyage, son havresac et ses armes, et, peu d'instans ensuite, il reparut devant lui à peu près tel qu'il s'y était présenté un mois auparavant. Durant quelques momens, ils se regardèrent tous deux en silence; le vieillard tendit de nouveau les bras à son fils, et ils se séparèrent aussitôt.

Au détour de l'avenue, le grenadier se retourna pour jeter encore un regard sur le toit qui abritait la vieillesse de son père, et il aperçut le vétéran, qui s'était hissé sur le banc en s'aidant de son bâton, pour l'apercevoir plus long-temps. Il plaça la main sur son cœur, et il entendit encore la voix de son père qui proférait le dernier adieu.

CHAPITRE HUITIÈME.

CHAPITRE VIII.

L'île d'Elbe.

Qu'est-il devenu, le dominateur de l'Europe, le chef suprême de la grande armée? Trahi par le destin, et déchu de la couronne, la plus belle qui ait jamais brillé sur le front d'un homme, peut-être a-t-il été chercher dans quelque partie de son vaste empire les jours de paix dont son âme doit être avide après tant de jours de tempêtes? De quel côté son aigle redouté a-t-il porté son vol? La terreur de son nom n'est point passée après lui comme le bruit de la foudre : ce nom menaçant occupe les veilles pénibles des rois; il trouble leurs conseils, la joie de leurs festins et les pompes de leur grandeur soucieuse ! Ce nom harmonieux et nouveau dans l'histoire, comme la puissance inconnue jusqu'alors qu'il rappelait, vit tout entier dans l'imagination des peuples; il remplit les souvenirs du soldat. Au delà des Palus-Méotides, dans les champs sans limites de l'Ukraine, dans les immenses solitudes qui avoisinent cette société de cent millions d'hommes dont l'origine et l'existence sont encore des mystères, le Cosaque et le Tartare, de retour sous leurs tentes, parlent à leurs femmes et à leurs enfans de ce conquérant dont ils ont vu le grand empire. Ils mêlent son nom aux miracles des arts et de la civilisation qui ont étonné leurs regards. Le housard hongrois, dans sa bravoure chevaleresque, ne le prononce qu'avec le respect qu'il accorde au courage; le fidèle et malheureux Polonais pleure sur lui comme sur son indépendance et sa liberté flétries. La chute du colosse a retenti dans tout l'univers, et au pied des pyramides de Chéops quelques Bédouins s'entretiennent encore de son passage victorieux au travers du désert.

Mais lui, où est-il? Pouvez-vous nous l'apprendre, vous qui courbâtes vos fronts devant sa majesté triomphante? Non, vous détournez la tête avec inquiétude, et déjà inclinés devant une nouvelle idole, que vous flatterez comme vous l'avez flatté, vous cherchez par un excès de servilité à faire oublier du nouveau maître les lâches adulations que vous prodiguâtes à un pouvoir maintenant brisé.

Est-ce vous, rois de l'Europe, qui nous révélerez le sort de votre frère impérial?... Non, il vous avait trop humiliés; et si les rois, comme les autres hommes, peuvent descendre jusqu'aux indignes déguisemens de l'hypocrisie et du mensonge, moins que les autres hommes ils oublient les injures d'un vainqueur. Le front royal qui s'abaissa un moment, se relève toujours chargé de vengeances et des orages des batailles.

Mais l'un de vous avait mis sa fille dans le lit de son généreux vainqueur. Sans doute, au milieu de ces grandes circonstances, il a su concilier l'inflexible politique du prince avec les devoirs sacrés d'un père. La couronne de Napoléon pouvait illustrer même le sang de la maison de Habsbourg; elle venait de plus haut que le sceptre usurpé sur les vieilles libertés germaniques. Non : les Français ne campent plus dans les jardins de Schoënbrunn, et la parole d'un empereur d'Allemagne est toujours aussi sacrée que du temps de Jean Hus et de Wilhem de Prague, que leur confiance dans la foi impériale conduisit au bûcher.

Ah ! sans doute la fille des Césars, cette jeune Marie-Louise que tout un peuple accueillit avec transport et qui apporta tant d'avenir avec elle; la fille, l'épouse et la mère d'un empereur n'a pu oublier tout-à-coup et sa nouvelle patrie et les augustes liens qui l'attachent à une grande infortune..... Qu'elles pleurent, les mères et les épouses, et que les poëtes de palais célèbrent encore dans leur profond abaissement les vertus et la fidélité des fiancées royales.....

Ainsi donc la fortune ne l'a pas seulement privé d'un empire, et sa destinée n'a pu s'accomplir sans qu'on violât en lui la majesté des rois et la pudeur des affections sociales. Les traités politiques seront foulés aux pieds, des princes chrétiens imiteront la conduite barbare de Tamerlan, avec cette différence en faveur du Tartare, qu'il n'avait jamais été l'ami de Bajazet et qu'il avait peut-être le droit de jouir en sauvage d'une victoire qui livrait l'Asie à son glaive. On oubliera qu'il est époux et père ; et des empereurs et des rois, à la face des peuples qui les nourrissent de leurs sueurs, étoufferont dans leur cœur ces sentimens d'honneur et de probité que le plus obscur citoyen ne pourrait blesser sans honte et sans infamie.

Oh ! dites-nous où il est, dites-nous où Napoléon-le-Grand a été chercher un abri dans sa glorieuse adversité. La mémoire des nations lui sera plus fidèle; son exil semble déjà bien long ; et tandis que les rois se partagent leurs conquêtes, qu'ils comptent les hommes comme les têtes d'un bétail qui leur appartient, lui qui était peuple, dites-nous où il est. — Ecoutez....

A peu de distance des côtes de la Toscane, sous ce beau ciel où les arts ont des souvenirs qui remontent jusqu'à l'enfance du monde, il est une contrée montagneuse autour de laquelle la mer Tyrrhénienne roule ses flots paisibles et bleuâtres; c'est l'île d'Elbe. Le territoire de ce pays, qui occupera une si grande place dans l'histoire contemporaine, est à peine indiqué sur la carte; son circuit est d'environ vingt-cinq lieues de France autant qu'il peut être évalué dans ses formes bizarres. Du haut des rochers qui bornent du côté de la mer le territoire de Piombino, l'œil peut embrasser, sans le secours d'aucun instrument, l'étendue de l'île que les vapeurs exhalées de ses marais salans et de ses mines de fer semblent couvrir quelquefois d'un voile léger, au travers duquel se dessinent ses cimes verdoyantes et pittoresques.

L'étroite *Ilva* ne tenta presque jamais l'ambition des conquérants qui se disputèrent la belle Étrurie, mais elle subit à toutes les époques le sort de cette contrée. Deux fois cependant, les révolutions politiques ont passé sur elle et l'ont séparée de son ancienne métropole, dans le cours de ce siècle qui commence. Un sénatus-consulte l'agrégea au grand empire; une décision des souverains de l'Europe en fit la souveraineté unique de celui qui naguère avait ordonné ces premières dispositions, quand par hasard, en jetant les yeux sur la carte, il l'envahit d'un regard. Jeu bizarre de la fortune et des destinées humaines!

Le territoire de l'île d'Elbe, malgré son peu d'étendue, présente une grande variété d'accidens géologiques; et son sol, coupé par des montagnes et des vallées, sillonné par des torrens, offre dans sa végétation riche et abondante un aspect enchanteur. Ses coteaux sont couverts de vignes qui produisent un vin délicieux; l'olivier, le maïs, tous les fruits et tous les végétaux du midi mûrissent sous sa température agréable et douce. Elle rappelle ces créations fantastiques de l'Arioste et du Tasse, ces îles enchantées où Roger et Renaud savouraient à longs traits l'ivresse de la volupté. C'est une île poétique qui attend son Homère, maintenant qu'Achille a foulé son sol; et la muse rêveuse, debout sur ses montagnes, se nourrit des grands souvenirs que Napoléon a laissés en passant sur cette contrée riante.

Ilva! n'est-ce pas, que le chevrier, assis sous

les oliviers de tes collines odorantes, en contemplant les derniers rayons que le soleil laisse tomber sur la mer Tyrrhénienne, se rappelle comme un songe l'apparition soudaine de Napoléon dans ton sein. Napoléon!... mais ce soleil qui abandonne tes rivages hospitaliers reviendra demain dorer les moissons de tes champs, les fruits de tes coteaux : lui ne reviendra plus! Il s'est assis sur ton sol, et il en est parti pour toujours! Son nom seul te reste comme une illustration historique, et l'Elbois dans l'enthousiasme de son souvenir cherche en vain l'empreinte de ses pas. Il va! tu seras encore visitée, quand les siècles auront produit des générations moins haineuses et moins passionnées, par des hommes qui viendront de France pour te redemander quelque chose de lui. Oui, car le temps qui détruit tout rajeunira sa mémoire, ses fautes seront oubliées, et il apparaîtra à la postérité dans tout l'éclat de son génie.

La renommée avait à peine apporté dans l'ile d'Elbe quelques bruits sinistres, relatifs aux circonstances politiques dont la France était le théâtre, que la population italienne laissa éclater des sentimens peu favorables à ses dominateurs. L'amour du changement, et ce vague instinct d'indépendance qui berce depuis tant de siècles ces nations sœurs et rivales qui végètent sur le beau sol de l'antique Ausonie, échauffèrent les Elbois, et causèrent quelques inquiétudes au commandant français et aux braves placés sous ces ordres. Mais peu de mois s'écouleront, et la noble France sera vengée de l'ingratitude italienne. Dans toute la Péninsule le pouvoir absolu, endurci par la conquête, inspiré par une politique étroite et avilissante, va jeter ses voiles de deuil, et étendre sa main pesante!....

Italiens! signalez les malheurs de la France par d'atroces vengeances et d'inutiles assassinats. Déchirez brutalement le pacte qui vous alliait à la grande famille, arrachez ses illustres couleurs pour ressaisir les livrées de votre ancienne misère et de votre ancienne oppression. Voici venir de la Sardaigne une famille royale qui doit effacer en un jour quinze années de l'histoire du Piémont. Ces princes féodaux, à qui l'ancienneté de leur race pèse comme un fardeau, n'ont aucune sympathie pour les peuples qui ont le malheur de reconnaître leur légitimité dégénérée. Ce fut une étrange idée de despote, que celle de ce roi de Sardaigne, encore tout meurtri des sévices de la république et de la pitié de Napoléon, que de vouloir rentrer à Turin dans le palais de ses pères, comme si son exil n'eût duré qu'une nuit. Il ordonna que toutes les charges de la cour, que toutes les fonctions publiques fussent reprises à l'instant même, par ceux qui les occupaient avant la révolution. Il ne reconnut ni la légalité des services, ni les exigences d'autres intitutions que celles de sa famille. Le magistrat descendit de son siége, et le général sorti des rangs du peuple ne fut reconnu que comme *sergent*, dans le cas où il aurait voulu continuer à servir cet étrange monarque.

Mais la baïonnette autrichienne imposa encore une condition plus dure aux Milanais et à la superbe Venise; tout ce que le despotisme a de plus capricieux et de plus absolu, tout ce que l'inquisition a de traditions infâmes, de délations, d'oppressions, d'arbitraire et de cruel fut prodigué par la maison d'Autriche à ses nouveaux sujets. Depuis ce temps les armées autrichiennes campent en Italie; le vil bâton qui flétrit l'uniforme de ces soldats façonnés au joug est devenu la loi d'un grand peuple. Parmi ses flegmatiques oppresseurs, il n'y a point d'oreilles qui recueillent ses plaintes, il n'y a pas une voix qui s'élève en sa faveur, et la couronne de fer des rois lombards a cessé d'être pour les Italiens un souvenir historique; c'est une réalité désastreuse qui pèse sur eux de tout son poids.

Et cependant quoique cette nation ait mérité son sort, quoique sa profonde ingratitude ait dû lui fermer le cœur des Français, on ne peut refuser des larmes à sa longue infortune et à son abaissement. Sans doute, l'administration française avait peut-être attaqué trop brusquement des habitudes nationales peu rationnelles, mais fortement enracinées dans le génie de ce peuple. Sans doute, elle n'avait point fait une part assez large à ses mœurs, à ses préjugés, à ses habitudes d'indépendance individuelle qui résistent même au despotisme le plus jaloux. Peut-être encore (et fasse le ciel que cette présomption soit vraie!) était-ce le noble sentiment de la liberté si vivement froissé par le régime impérial qui porta les Italiens à renier si promptement et avec tant de violence la parenté de la France! Oui, cela est possible; et qui ne pardonnerait alors à cette belle nation une erreur si généreuse? Que la maison d'Autriche ne s'assure donc point dans l'immobilité stupide de sa tyrannie; il y a pour elle un avenir qui promet le juste châtiment de ses œuvres. Depuis long-temps elle insulte avec trop d'impunité à la patience des peuples; son règne en Italie est un outrage à l'humanité, à la raison, à la justice... Ah! si jamais un drapeau apparaissait encore au sommet des Alpes.... que cette illusion décevante qui se perd dans un avenir lointain n'enchaîne plus des bras meurtris par des chaînes. Italiens! une nation opprimée par la conquête, avilie par l'étranger, ne peut se ravir à son humiliation et se régénérer qu'en dévouant à la patrie le sang de ses meilleurs citoyens; sa force c'est le désespoir, sont mot d'ordre le tocsin, son droit l'insurrection!

Les habitans de Porto-Ferrajo, capitale de l'île d'Elbe, et qui tire ce nom des mines de fer qui l'avoisinent, étaient en fermentation et dans un état voisin de la révolte. Les prêtres, qui jouent un si grand rôle dans les agitations politiques de l'Italie, tonnaient déjà du haut de la chaire évangilique; le peuple vivement ému, mais incertain, soulevé, mais sans but, inondait les places publiques, et roulait sur le port comme les flots de la mer agitée. Tout à coup la vigie signale au loin l'approche d'une flottille. Le pavillon anglais se déploie sur le vaisseau d'avant-garde, les bâtimens qui marchent de conserve sont pavoisés de blanc. Quelles nouvelles extraordinaires apportent dans l'île ces navires qu'un vent propice fait cingler vers le port? Cet état d'incertitude ne sera pas de longue durée; l'officier général qui vient de débarquer, et qui a été immédiatement conduit à l'hôtel municipal de Porto-Ferrajo, est sans doute porteur des nouvelles extraordinaires que semble présager l'approche de la flottille.

Napoléon-le-Grand a abdiqué les couronnes de France et d'Italie, l'île d'Elbe formera désormais son empire, et il vient en souverain prendre possession de ses nouveaux états! Cette publication qui renferme l'accomplissement de tant de grands événemens, qui annonce le plus étonnant revers dont les hommes puissent être les témoins, circule dans Porto-Ferrajo avec la rapidité de l'éclair, et se répand au loin dans les terres comme le bruit d'un orage. L'effet qu'elle produit est prompt et instantané; elle opère aussitôt une complète réaction dans l'imagination exaltée de ce peuple, dont le sentiment d'un autre avenir ne se rattache à aucun principe politique. Les cris de fureur se changent en acclamations joyeuses. Le langage de la révolte fait place à celui de l'enthousiasme et du dévouement. Ce sont de ces miracles que le nom de Napoléon a souvent produits. Les travaux ont cessé, les cloches des églises remplissent les airs de leur harmonie solennelle; l'Elbois revêt à la hâte ses habits de fête, et toute la population accourt sur la plage pour saluer l'empereur de l'île d'Elbe (1)!

(1) Si cet ouvrage était un livre d'opposition, ou s'il renfermait plus de prétentions à l'exactitude historique, ce serait ici le cas de réfuter une des assertions les plus calomnieuses que le vieil esprit tory ait dictée à Walter Scott. Cet écrivain, qui a prostitué son beau talent en

Lui cependant paraît enfin. L'artillerie du port et celle de la flottille lui rendent les honneurs militaires dus à son titre de souverain qu'il conserve dans son exil. Il met le pied sur le rivage, entouré de quelques amis, et reçoit, avec une dignité qui le place bien haut encore au dessus de ses revers, les hommages des magistrats et du peuple dont les destinées lui ont été confiées par la providence. Le caractère distinctif de cet homme prodigieux a toujours été de paraître supérieur aux événemens heureux ou malheureux au milieu desquels il s'est trouvé. Dans cette circonstance, il y avait

---

composant le roman lourd et diffus qu'il a intitulé *Histoire de Napoléon Buonaparte*, prétend que l'empereur, *craignant d'être assassiné,* car c'est une monomanie qu'il lui suppose, débarqua d'abord secrètement dans l'île. Napoléon a prouvé à ses bourreaux qu'on pouvait l'opprimer et non le contraindre à dégrader jamais la majesté du caractère auguste dont il avait été si longtemps revêtu. Cela n'est donc pas vrai. Au reste on s'est abstenu dans cet ouvrage de toute polémique, et cette observation suffira. On se permettra seulement de déclarer ici que ces détails, reproduits il est vrai sous une forme littéraire, sur laquelle on ne doit pas s'expliquer, sont tous d'une authenticité irrécusable.

à craindre qu'il parût, aux regards étrangers fixés sur lui, dans cette position équivoque qui, dépouillant tout à coup une haute infortune du prestige des grandeurs sociales, la fait descendre au niveau de ces misères vulgaires qui n'échappent point à de cruelles et inexorables railleries. Napoléon remporta cette victoire sur son fatal destin. L'expression naturellement grave de sa physionomie était adoucie par un sourire de bienveillance et de bonté, qui semblait encourager les espérances du peuple sur lequel il allait régner. Souverain paternel, il ne marcha point environné d'une pompe royale que l'étendue et la force de ses états ne comportaient pas. Ses nouveaux sujets formèrent seuls son cortége jusqu'à l'hôtel municipal qui allait devenir son palais. L'austère simplicité qu'il avait conservée sur le trône impérial l'entoura sur le trône de l'île d'Elbe de toute la majesté de cette grande magistrature.

L'impatience et la curiosité de ce génie qui avait remué le monde ne tardèrent pas à se manifester dans les étroites limites où venaient de le renfermer les hasards de la guerre. Il semblait que Napoléon eût besoin d'essayer sa légère couronne. Il parcourut en peu de temps ses nouveaux domaines, et partout il laissa tomber quelques-unes de ces nobles pensées qui agrandissent le pouvoir de l'homme. Les changemens, les améliorations dont il traça brusquement les plans auraient usé la science et l'imagination de tous ceux qui en auraient conçu la pensée. Ce n'était qu'un jeu de cet esprit immense qui créait des difficultés solubles seulement pour lui, qui se faisait ainsi un avenir pour sa prodigieuse activité. Ses projets étaient vastes comme sa gloire, et il semblait sourire aux travaux de son exil, comme à la dernière palme que dût cueillir sa main victorieuse. L'île d'Elbe allait lui devoir des jours heureux, et peut-être une illustration digne d'un pays plus étendu et plus puissant.

Du haut d'une montagne qui domine Porto-Ferrajo, Napoléon put embrasser d'un coup d'œil l'aspect de sa royale prison. Un peu de terre verdoyante, quelques âpres rochers, au delà des nuages blancs reproduits dans le mirage des flots de la mer Tyrrhénienne. Immensité solitaire où se perd la pensée de l'homme, la mer, dans ses heures paisibles, est le plus grand mystère de la création. Redoutable barrière que l'ambition humaine a cependant brisée; c'est en vain que la tempête mugit dans son vaste sein, c'est en vain qu'elle engloutit dans ses profondeurs inconnues les espérances audacieuses des conquérans, et les richesses d'une ambition mercenaire, une créature faible et souffrante sillonne hardiment son étendue sans limties et se joue sur ses abîmes! De ces points isolés qui surgissent au milieu des flots, et contre lesquels viennent en vain se briser quelquefois les vagues écumeuses, l'homme jete un regard tranquille sur ces plaines mobiles et spacieuses qui l'environnent, comme sur des domaines que son audace a conquis. Mais quand cet homme est Napoléon trahi, abandonné, ce général qui a commandé tant d'armées, ce souverain qui a régné sur tant de nations, qui maintenant presque seul, sur ce rocher baigné par les flots de la Méditerranée, contemple ce qui lui reste de ses victoires, les pensées qui l'agitent doivent être aussi extraordinaires que la scène imposante qui se déploie sous ses yeux. Qu'est devenu le temps où l'héroïque Kléber lui disait au pied des pyramides, —Général, vous êtes grand comme le monde ? — Que sont devenus les jours où l'éloquent Fontanes l'appelait l'usurpateur de l'anarchie ? et ceux surtout où la grande nation comptait dans l'ivresse d'une joie sans mélange, les coups retentissans du bronze qui réalisaient pour lui ces paroles de la Bible : Un fils nous est né !

Et lui n'a point de larmes pour ces beaux souvenirs, peut-être point de secrète tristesse, point de regrets superflus pour tant de désastres et de revers ; il contemple cette belle scène avec l'enthousiasme naturel à son âme, s'isolant lui-même dans ce magique tableau, il veut oublier que son héroïque figure y projette seule une ombre admirable. On dirait qu'au dessus des grandeurs et des misères de la vie humaine, il méprise à la fois les faveurs et les sévices de la fortune. Il ne songe ni à l'obscurité de son berceau, ni à l'éclat de sa vie, ni à l'horreur du tombeau que la destinée lui réserve. Ce rocher presque inaperçu au milieu des mers, où l'a jeté la tempête, est une patrie pour quelques hommes ; il rêve à leur bonheur, il veut que la fin de sa vie soit un bienfait pour eux. Si jamais des nations plus puissantes, mais jalouses de leur félicité, osaient venir troubler leur repos, il apparaîtrait aussitôt entre le rivage et leur flotte, armé de la foudre qui ébranla l'Europe : semblable à ce génie formidable qui, s'asseyant sur le cap orageux de l'Afrique, en défendit l'approche à Vasco de Gama et à ses aventureux soldats.

Les compagnons d'exil de Napoléon prirent possession quelque temps après lui de la place que leur généreuse fidélité leur assurait à l'île d'Elbe. La vue de leur héros les consolait de l'absence de la patrie, ou plutôt ils revoyaient en lui toute son illustration. Passant, comme lui, d'une vie tumultueuse à une vie paisible et uniforme, ils s'abandonnèrent, insoucians de l'avenir, au calme que le hasard leur envoyait après tant de jours orageux. Conservant leur gaîté nationale au milieu des privations qu'ils ne tardèrent pas à connaître, ils se dédommageaient, par la liberté de leurs discours et le sentiment d'indépendance qui avait dicté leur dévoûment, du coup qui avait frappé leurs espérances militaires. Ils aimaient à s'entretenir de leurs anciennes campagnes, ils déroulaient dans leurs entretiens familiers les plus belles pages de notre histoire. Au milieu de ces récits qui charmaient leurs loisirs, le doux nom de la France venait souvent leur inspirer d'attendrissantes paroles. Fidèles à leur pays comme à leur chef illustre, ils n'avaient point adopté cette fiction politique au moyen de laquelle ils seraient devenus les sujets d'un souverain étranger. Enfans de la France, ils aimaient toujours leur mère, elle était toute dans leurs vœux, dans leur mémoire. Si quelquefois un léger esquif abordait dans l'île, ils s'assemblaient en foule autour du voyageur qui mettait pied à terre; ils attendaient avec une curieuse impatience qu'il eût prononcé quelques mots. S'ils étaient dans la langue de leur pays, si c'était un Français, leur joie bruyante l'annonçait bientôt à leurs camarades moins empressés. Le voyageur était accablé de questions, comme si avant son départ il eût visité la maison paternelle de chacun des braves qui interrogeaient ses souvenirs.

Napoléon paraissait s'habituer sans répugnance et sans combats à la vie nouvelle qu'il lui avait fallu embrasser. Cependant sa première pensée, après avoir reconnu toutes les côtes de l'île, fut une pensée à la fois politique et militaire. Peu confiant dans la magnanimité des souverains alliés, il résolut de fortifier sa prison, de manière à pouvoir résister à un acte de violence si l'on osait jamais en méditer contre lui. Il savait ce qu'il valait; il ne doutait pas que son existence indépendante, à quelques faibles moyens qu'elle eût été réduite, ne tarderait pas à être l'objet de la jalousie ou plutôt de la crainte de tant de rois que l'intérêt devait incessamment diviser. Il souriait à l'idée de voir une grande flotte venir se briser contre les rochers de l'île d'Elbe. Ce fut dans cette intention qu'il ordonna à quelques hommes de sa garde d'occuper en son nom Pianola, petit îlot, qui, situé à quatre lieues de son étroit empire, pouvait devenir plus tard un point important d'opérations militaires dans le cas de l'agression qu'il supposait. A part cette circonstance, et durant les six premiers mois de son exil, on aurait dit qu'entièrement absorbé par les projets d'amélioration dont l'île d'Elbe devait être le théâtre, il éloignait à dessein tout ce qui pouvait lui retracer quelque chose de sa gloire et de sa vie politique. Cette franche et complète résignation à sa destinée devait être calomniée, elle l'a été. On a depuis voulu couvrir du manteau de la dissimulation cette adhésion qu'il donnait à ses malheurs et au changement de sa fortune. Ce n'est pas ici qu'il convient de défendre cette grande renommée contre l'injustice de ses ennemis et les mensonges de ses bourreaux; mais nos faibles paroles ont pour elles l'autorité de quelques-uns de ces hommes d'honneur qui ont partagé la proscription qu'il a subie et qui ont vécu dans son intimité. Il ne passa à l'île d'Elbe aucune revue militaire, il n'envoya nulle part sur le continent des agens pour s'enquérir de l'esprit public et tenter la fidélité des soldats. Il ne fit aucun acte qui annonçât des projets ultérieurs, et ceux qui ont écrit le contraire sont des calomniateurs.

Accessible pour tout le monde; comme il l'était sous la tente et dans ses palais impériaux, il recevait avec affabilité tous les étrangers qui lui demandaient audience. Un grand nombre d'Anglais eurent particulièrement cet honneur. Quand ses fidèles amis lui faisaient de respectueuses observations sur la facilité qu'il montrait à cet égard, il répondait qu'il se devait à lui-même et à l'Europe de ne cacher aucune de ses actions. —Je sais bien, ajoutait-il quelquefois, que la plupart de ces curieux sont des espions de Castelreagh ou du congrès, mais je veux qu'on sache que mon abdication a été réelle. Ils disent que j'ai l'intention de révolutionner l'Italie; les insensés! Quand on a été empereur des Français, il n'y a plus sur la terre de grandeur qu'on puisse envier! Je souhaite qu'on me laisse en paix songer à ma famille et à mes affaires privées, je ne suis plus de ce monde que pour cela!

En parlant ainsi dans les épanchemens de l'amitié, Napoléon se serait-il abaissé jusqu'à tromper les hommes, que dans son infortune il avait dû apprendre à mépriser? ou bien se trompait-il lui-même? Cette seconde hypothèse ne serait pas douteuse, si l'on mettait en question la sincérité de ses déclarations. Quoi qu'il en soit, il se livra entièrement aux douceurs de la vie privée, autant qu'il était en lui de les connaître, et qu'il y avait de sympathie entre son âme et la société. Mais jusqu'au sein de ces paisibles jouissances pour lesquelles il redevenait un homme ordinaire, la fortune lui réservait une amère et cruelle déception. Il avait reçu la visite de quelques membres de sa famille et entr'autres de sa mère, dont les habitudes simples, injuste objet d'une raillerie indécente, rendaient peut-être plus inexplicable encore l'étonnant phénomène sorti de ses flancs. Mais ce fut en vain que Napoléon souhaita les tendres effusions de père et d'époux; elles demeurèrent enfermées dans son cœur comme une blessure profonde et secrète, comme un cancer dévorant qui devait y porter la mort. Il ne revit ni l'impératrice ni le roi de Rome, ou plutôt, dans le langage de sa douleur auguste, il ne put embrasser ni sa femme ni son fils.....

Ce fut à peu près à cette époque qu'il commença à acquérir les preuves de la malveillance et de la mauvaise foi des alliés. Aucun article du traité de Fontainebleau n'avait été mis loyalement à exécution, si ce n'est celui qui le condamnait à l'exil. Alors dans sa juste indignation il réalisa cette antique fiction de la poétique Grèce qui faisait ébranler l'univers quand le maître des dieux et des hommes fronçait le sourcil. Une parole de colère prononcée par Napoléon retentissait plus loin que la foudre. On ne voulait être avec lui ni juste ni loyal; mais, comme il y avait de la lâcheté dans cette politique, on craignait d'irriter un proscrit dont le nom valait une armée et dont l'existence seule était une grande puissance. Alors il ne parla plus de la France et des affaires de l'Europe en homme qui a rompu tout pacte avec la fortune et qui n'a plus d'avenir. Son esprit actif et bouillant sembla se précipiter avec une nouvelle ardeur dans cette carrière d'orages que les chances de la victoire lui avaient un moment fermée. Ses hautes lumières, la rectitude innée de ses idées et sa profonde sagacité le rappelaient malgré lui, pour ainsi dire, à reprendre un rôle prépondérant dans les affaires publiques. La lecture des journaux et des pamphlets politiques qui lui étaient régulièrement adressés lui révélait les souffrances de l'esprit national de la France. Ce fut d'abord avec une profonde douleur qu'il vit recréer ainsi tous les élémens d'une révolution nouvelle ; mais les insultes prodiguées à ses braves soldats, l'arrogance insupportable des gens de cour, les violations manifestes de la Charte, et l'oubli des promesses royales, firent naître dans son cœur un autre sentiment. Peut-être dès ce moment conçut-il un lointain espoir de ressaisir le sceptre et l'épée qui avaient imposé des lois à l'Europe. Des circonstances d'une nature grave, que la joie délirante d'une faction victorieuse et qui se croyait invincible enfanta rapidement, surpassèrent l'audace de ses projets et devancèrent toutes ses prévisions.

Un grenadier de la garde était en faction à la porte intérieure du jardin attenant au palais de l'empereur; car c'est de ce nom qu'on avait décoré une grande maison de Porto-Ferrajo, mal bâtie, mal distribuée, plus mal décorée encore, et qui avait été l'hôtel municipal de la ville. Napoléon aimait à prendre le plaisir de la promenade dans ce lieu planté d'arbres, à l'heure surtout où le soleil brûlant de ces latitudes fait place au vent frais et agréable qui assainit le climat de l'Italie inférieure et de l'archipel Tyrrhénien.

A cette heure l'empereur s'éloigna brusquement des personnes qui l'accompagnaient, et vint droit à la sentinelle, qui, devinant probablement son intention, exécuta aussitôt le mouvement militaire prescrit en semblable circonstance.

— Grenadier, depuis quand es-tu en faction ?

— Depuis une heure, Sire.

— Il viendra dans peu d'instants se présenter à cette porte un personnage vêtu en noir et décoré; il te demandera en italien... tu comprends sans doute la langue italienne; mais dans tous les cas il te demandera la permission de visiter le jardin : tu ne lui feras aucune réponse, il est inutile qu'une conversation s'engage entre vous deux ; tu le laisseras entrer.

— C'est entendu, Sire.

— Pour qu'il ne puisse arriver de méprise, tu reconnaîtras le personnage que je veux te désigner à une tabatière d'or, ornée de mon portrait, qu'il tirera de sa poche en t'adressant la parole. Tu te souviendras bien de tout cela? Ecoute encore. Si l'on vient te relever dans l'intervalle, tu diras qu'une legère inattention de ta part t'a fait condamner par un officier de ronde à doubler ta faction.

— On ne me croira pas, Sire.

— Oui... cela est possible; eh bien, il n'y a pas d'inconvénient à déclarer que tu restes à ton poste par mon ordre; je te ferai relever moi-même quand il en sera temps.

— Quand cela vous fera plaisir, Sire.

Alors l'empereur, désirant probablement connaître l'effet qu'avait produit sur ce soldat l'ordre mystérieux et inaccoutumé qu'il venait de lui donner, lui lança un de ces regards pénétrans, et qui semblaient scruter la pensée dans le cœur de ceux dont il voulait découvrir les sentimens secrets. L'immobilité complète de la physionomie du grenadier le satisfit à cet égard, mais tout à coup il reconnut celui à qui il venait d'adresser la parole.

— Je ne me trompe pas, nous nous connaissons, mon brave, ajouta-t-il en laissant échapper un sourire de satisfaction qui éclaira ses traits imposans. Je ne savais pas, Lambert, que tu fusses de retour à l'île d'Elbe.

— Il y a cependant sept mois aujourd'hui, Sire, que je me suis rendu à mon devoir. Mais Votre Majesté nous voyait plus souvent quand nous étions plus nombreux.

— Nous nous reposons tous ici, je ne veux pas vous fatiguer par des manœuvres et des revues inutiles. Eh bien! tu m'as donc préféré à ton pays; tu n'y as retrouvé personne?

— Pardonnez-moi, Sire; j'ai revu mon vieux père, et j'ai trouvé auprès de lui une jeune fille....

— J'entends. Je comptais sur toi, comme sur tous tes braves camarades; je ne ferai jamais pour vous autant que vous faites pour moi, mais vous êtes mes amis..... Mets-toi à ton aise, l'arme à terre..... Allons donc, je le veux. Que disait-on de moi à l'époque de ton départ?

— On disait, Sire, que ça n'allait pas mieux qu'auparavant, et qu'il ne valait pas la peine de changer. Ce sont les bonnes gens de nos montagnes qui disaient cela, Sire.

— Les bonnes gens ont raison. Continue toujours. N'ai-je donc pas beaucoup d'ennemis? ne parlait-on pas de mon ambition, de ma tyrannie?

— Sire, dans le village où je suis né, il n'y a que mon père et le notaire du pays, deux anciens, qui ne soient pas pour vous.

— Comment ton père!

— Oui, Sire; mais c'est un brave homme, qui a servi sous Louis XV, et il aime le roi.

— La fidélité est comme le courage, l'apanage de tout soldat digne de ce nom. Mais enfin que disait-on en général?

— Ma foi! Sire, on était mécontent; les jeunes gens du pays me disaient que tout allait mal, que les prêtres et les nobles allaient maintenant les commander; qu'on leur avait promis de détruire les droits réunis et la conscription et qu'on ne faisait rien de tout cela. Il y en avait, Sire, qui disaient encore que, si vous reveniez, ils vous porteraient en triomphe jusqu'à Paris.

— Comment déjà!..... ils vont perdre une belle partie! Napoléon parut un moment préoccupé par de graves idées, puis il continua: Je suis bien aise de te revoir; entends-tu, Lambert? et je suis content que le hasard t'ait placé ici même aujourd'hui; j'ai des raisons pour que personne n'ait connaissance de l'entrevue que je veux avoir avec le personnage dont je t'ai parlé. Je compte sur ta discrétion.

Le grenadier ne répondit pas.

— Bien, reprit-il en souriant, entendre c'est obéir. Je te connais, et je n'ai plus de recommandations à te faire. Puis il lui donna familièrement quelques coups sur la joue, tira ses longues moustaches, et lui dit : Adieu, mon vieux camarade.

— Au revoir, Sire.

Depuis que Napoléon avait acquis la certitude qu'un ministère coupable, étranger aux vœux et aux besoins de la France, soutenu par la cour et par tous ces hommes avides et intéressés qui s'étaient attachés au char de la restauration, excitait en France de graves mécontentemens, et rassemblait de nouveau les élémens d'un orage populaire, il était peu à peu sorti du rôle de réserve et de circonspection qu'il s'était imposé. Ses conversations n'étaient plus remarquables par le ton d'indifférence et de généralité politique qu'il leur avait donné. Il parlait de son ancienne gloire avec plus d'enthousiasme, et des maux de la patrie avec une sympathie plus vive et plus énergique. On vit débarquer dans l'île, malgré les précautions sévères prises par ordre de l'empereur, divers personnages qui paraissaient appartenir aux classes les plus élevées de la société, et qui, après un court séjour, repartaient entourés du même mystère. Ces allées et ces venues n'avaient pu échapper à l'observation des soldats, agités de vagues préoccupations et bercés intérieurerement de l'espoir de revoir la France. Bientôt ces avertissemens indirects du changement prochain de leur situation devinrent l'objet de tous leurs entretiens, et une foule de circonstances, qui dans d'autres temps n'auraient excité aucune attention, réveillaient chaque jour en eux, avec leur attachement pour leur pays, ce besoin de parler de l'avenir qui se préparait pour eux.

Lambert ne tarda pas à voir paraître le personnage inconnu qui lui avait été annoncé. Il exécuta ponctuellement les ordres de l'empereur, et quand le caporal de service vint pour le relever, il lui fit connaître la haute volonté qui le retenait à son poste. Plusieurs heures se passèrent, et la nuit commençait à tomber lorsque Lambert entendit les pas de deux personnes qui s'approchaient de la porte du jardin confiée à sa garde. Elles s'arrêtèrent à quelques pas de lui, et parlèrent encore durant quelques instans avec chaleur; enfin le grenadier recueillit distinctement les paroles suivantes, et il ne lui fut pas difficile de reconnaître la voix qui les prononçait.

— Ne nous inquiétons point de tout cela; il faut laisser faire quelque chose à la fortune. Nous avons approfondi, je crois, tous les points sur lesquels il m'importait de me fixer et de nous entendre. La France m'est rendue, je le crois : elle redemande son ancien souverain; l'armée et le peuple seront pour nous... Partez; vous direz à *** que vous m'avez vu, que je suis décidé à tout braver pour répondre aux vœux de la France, que je partirai d'ici au premier avril avec ma garde, ou peut-être plus tôt (1); que j'oublierai tout, que je pardonne tout; que je donnerai à la France et à l'Europe les garanties qu'elles peuvent attendre et exiger de moi; que j'ai renoncé à tout

(1) Le lecteur a été prévenu, dans le prologue de cet ouvrage, qu'il n'y trouverait pas toujours une grande exactitude dans les dates et l'ordre des faits.

projet d'agrandissement, et que je veux réparer par une paix stable le mal que nous a fait la guerre... Le souverain du choix de toute une nation sera toujours aux yeux des peuples le souverain légitime. Les souverains qui, après m'avoir envoyé respectueusement des ambassades solennelles, qui après avoir mis dans mon lit une fille de leur race, qui, après m'avoir appelé leur frère, m'ont ensuite appelé usurpateur, se sont crachés à la figure, en voulant cracher sur moi; ils ont avili la majesté des rois, ils l'ont couverte de boue... J'oublie que nos instans sont précieux, je ne veux plus vous retenir. Adieu, Monsieur; embrassez-moi et partez; mes vœux et mes pensées vous suivront.

Si l'empereur espérait que l'entière discrétion de ceux qui l'entouraient de plus près suffisait pour jeter un voile épais sur ses projets, il se trompait étrangement. Rien sans doute de réel et de complet ne transpirait hors de son cabinet, et l'on est même fondé à croire que ses plus intimes amis n'eurent jamais à cette époque aucune connaissance positive de ses résolutions. Mais les soldats ne laissaient guère passer une occasion de se livrer à des conjectures, dont la connaissance qu'ils avaient du caractère de leur chef était faite pour confirmer toutes les prévisions, même les plus hasardées. Des réflexions de ce genre occupaient encore les soldats du poste dont Lambert faisait partie, quand le caporal rentra au corps-de-garde accompagné du grenadier qui aurait dû le remplacer en faction. On nous permettra sans doute d'employer ici le langage familier et caractéristique de ces braves, peu habitués à envelopper leurs pensées dans des expressions recherchées, qui s'allieraient mal, au reste, à leur franchise et à la naïveté de leur esprit.

— Voilà une fameuse histoire, sergent, dit le caporal en déposant son fusil; la consigne est violée, changée, comme vous voudrez.

— Par exemple! répondit gravement le sergent, vieux militaire à cheveux gris et qui fumait sa pipe à la porte du corps-de-garde; la consigne violée! et comme quoi, caporal?

— Comme quoi, sergent? comme si l'empereur avait dit à Lambert, le numéro en faction : Je ne veux pas qu'on te relève. Hein ! c'est fameux.

— Si c'est Sa Majesté, reprit le sergent, je donne mon consentement ; cependant j'en ferai mon rapport à l'officier de ronde, et il s'arrangera comme il pourra avec l'empereur.

— Sergent, dit un soldat en faisant précéder son observation d'un hem ! prolongé, il y a quelque chose en l'air, ou le diable m'emporte !

— Pierre Delorme a raison, ajouta un autre soldat ; car tous ceux qui se trouvaient dans le corps-de-garde s'empressèrent d'entourer le caporal ; j'ai vu arriver ce matin un particulier qui me fait l'effet d'être un avocat du corps législatif ; et allez donc !

— Oui, les anciens, reprit le caporal, je crois que le petit tondu veut nous faire des farces ; mais quand il joue au piquet, celui-là, il a toujours quinte, quatorze et le point.

— Eh bien ! tant mieux ; s'il est comme

nous, il a assez de l'île d'Elbe. Nos clarinettes sont là, il n'a qu'à faire commencer le bal.

— Oh! si nous pouvions faire danser la monaco à ce vieux rogneur de portions d'empereur d'Autriche !

— Dites donc, les amis, et au roi de Prusse donc ! ça ferait un fameux coup d'œil.

— Vous n'y êtes donc pas, vous autres !... Avant d'aller de ces côtés, nous passerons par l'Angleterre, nous irons visiter les pontons... J'aimerais mieux manger des Anglais que des haricots! Les pontons!... Au surplus, vive l'empereur toujours !...

— Sont-ils blagueurs ! dit le sergent en secouant les cendres de sa pipe; ne faudrait-il pas que S. M. l'empereur Napoléon les mît dans la confidence de ses décrets! Allons, la paix ! mes vieux lapins ; nous irons où il voudra, voilà la chose.

— Encore un bon enfant, le sergent! c'est pour ne pas avoir l'air qu'il dit cela. Dites-donc, sergent : n'est-il pas vrai que deux ou trois paquets de cartouches à déchirer ne vous feraient pas de peine ?

— Comme ça pourrait être en effet, Pierre Delorme, reprit le sergent d'un ton grave; mais c'est que vous me vexez tant avec votre roi de Prusse et votre empereur d'Autriche. Vous ne dites pas où il faudrait aller... c'est là bas.... Et il tourna ses regards vers l'ouest.

— En France !... Oh ! quand la reverrons-nous ?... Vive la France !...

— Vive la France !... répétèrent tous les soldats, dont ce doux souvenir remplit tout à coup les idées.

Dans ce moment un officier se présenta.

— Sergent, dit-il, vous pouvez maintenant faire relever la sentinelle placée à la porte du jardin de l'empereur.

— Tout de suite, commandant. Ah çà, l'empereur se mêle donc à présent de ce qui regarde mon service ?

— Il se mêle de tout ce dont il lui plaît de se

mêler; notre devoir est d'obéir, je n'en sais pas plus que vous.

— C'est juste, mon commandant, et cela suffit; c'était seulement pour dire... Au reste, j'en ferai mon rapport, ajouta-t-il à voix basse.

— Mais, reprit l'officier avec bonté, qu'avez-vous donc, mes braves? vous êtes tristes comme si vous étiez tombés dans une embuscade.

— Mon commandant, c'est que nous parlions de la France... Ça vaut mieux que l'île d'Elbe, commandant. La reverrons-nous bientôt?

— Il n'y a que Dieu et l'empereur qui le sachent, mes amis, répondit l'officier, qui, en exprimant cette pensée, ne put retenir un profond soupir.

— Eh bien! si Dieu est bon enfant et l'empereur aussi, nous la reverrons, mon commandant.

— Numéro 8, en faction! dit le caporal.

CHAPITRE NEUVIÈME.

CHAPITRE IX.

Paris. — Vienne. — Porto-Ferrajo.

La restauration durait depuis huit mois; mais les changemens qu'elle avait opérés, et la physionomie qu'elle avait donnée au mouvement extérieur de la société, reportaient la pensée vers un siècle déjà si loin de nous par ses mœurs et ses institutions imparfaites. Cette réaction morale, qui s'arrêta à la surface des choses, comme elle ne trouva de sympathie que dans quelques hommes, avait à Paris une allure plus franche et des dispositions plus vivaces et plus ambitieuses. Un jour viendra sans doute où les nécessités du gouvernement, simplifiées par la force des choses et les progrès de la civilisation, ne rendront plus tolérable cette concentration inouïe, dans l'enceinte d'une seule ville, de toutes les propriétés intellectuelles d'une grande nation ; mais nos mœurs, encore fortement imprégnées de la vanité et de l'égoïsme monarchiques, ne s'étonnent pas jusqu'à présent de l'influence dangereuse que donne au pouvoir cette étrange exténuation de la société qui se fait peuple d'une ville.

A cette époque la cour regorgeait de solliciteurs et d'habitués ; toutes les fidélités qui avaient vieilli dans les honneurs obscurs des départemens accouraient à Paris, armées de la longue liste de leurs sacrifices et du vif désir de servir encore la monarchie dans des emplois lucratifs. C'était les larmes aux yeux qu'on se contentait d'une préfecture ou d'une haute magistrature quelconque, pour oublier jusqu'à un temps plus opportun les priviléges et les dignités qui avaient péri dans la tourmente révolutionnaire. La noblesse montrait de la condescendance en daignant recevoir des charges qui, avant cet événement à jamais déplorable, n'auraient point dépassé l'ambition d'un bourgeois ; mais d'un autre côté beaucoup de bourgeois rougissant du nom de leurs pères, se faisaient gentilhommes pour arriver au même but. On sollicita, on demanda d'abord, on finit par exiger, et l'on parla de droits sacrés, imprescriptibles; on fit, en un mot, de la légitimité un principe d'économie domestique et financière. En vain quelques hommes d'état demeurés au pouvoir, et qui avaient acquis sous la république et sous l'empire l'habitude des affaires, faisaient entendre de temps en temps des avertissemens bien timides et bien modérés; on les regardait à la cour comme des parvenus, comme des intendans de bonne maison qu'un héritier conserve jusqu'à ce que la succession soit réglée.

Si l'on détourne un moment les yeux de ce spectacle affligeant pour se livrer à des méditations plus graves sur le sort de la France, ainsi livrée par la fortune à toutes les exigences de l'orgueil et de l'incapacité, on se convaincra que la tâche de la restauration était difficile, et que la fermeté de l'aîné des Bourbons opposa une barrière insuffisante, il est vrai, mais du moins salutaire, à ce débordement qui menaça tout à coup son noble ouvrage. Aussi ne sera-ce point à cette auguste famille que s'adresseront les reproches de l'histoire; elle est étrangère au dissentiment profond, inguérissable, qui naquit alors entre la nation tout entière et une poignée de hobereaux intrigans, qui croyent que la haine de la liberté et du bonheur public est un droit de leur naissance. D'ailleurs la restauration se trouvait malheureusement placée entre la religion de ses devoirs constitutionnels envers la France et la crainte honorable de se montrer ingrate ou injuste envers de nobles dévouemens. Ce sentiment l'emporta bientôt sur la sévérité des engagemens politiques. Le bon sens de la France démêla promptement, dans le scandaleux partage des emplois publics, ce qui était un gage bien placé de la reconnaissance des Bourbons, d'avec ce qui semblait être la démonstration non équivoque d'un parti politique anti-national. On est désolé de le dire ici, mais on serait bien plus étonné de notre silence : les empiétemens approuvés du clergé, et la tendance du gouvernement de l'immiscer comme pouvoir dans l'ordre constitutionnel, ne fut pas ce qui excita le moins les alarmes des Français; l'avenir s'est chargé de les justifier.

Celui qui, après une année d'absence, aurait revu Paris à la fin d'aout 1814, se serait cru transporté sur une terre inconnue, et à une époque historique indéterminée. Au travers de ces ridicules accoutremens empruntés par une mode absurde à l'Angleterre et aux peuples du Nord beaucoup moins civilisés, il lui eût été difficile de reconnaître la véritable nation parisienne. Au milieu de cet état-major bizarre, de ces vieillards chamarrés d'ordres et d'anciennes décorations militaires, qui affluaient aux abords des Tuileries, il aurait pu demander ce qu'étaient devenus les officiers de la grande armée; et en voyant ces militaires dorés qui gardaient la demeure des rois, il eût pensé que les braves soldats qui avaient porté si loin la gloire de la France, étaient devenus suspects et qu'ils étaient dépossédés de leurs droits.

Ces réflexions étaient faites, à l'époque où nous sommes arrivés, par un jeune homme d'une naissance illustre, qui, blessé gravement durant la dernière campagne de France, avait été contraint, jusqu'au moment de son entière guérison, de passer beaucoup de temps dans une terre éloignée de la capitale. Il devait au nom qu'il portait l'invitation flatteuse d'un des princes de la maison de Bourbon de se présenter à la cour, où son absence aurait été remarquée, si elle avait duré plus long-temps. Aussitôt qu'il avait pu obéir sans danger pour sa santé, le noble jeune homme s'était empressé de se rendre au désir de l'auguste personnage qui avait bien voulu se souvenir de lui.

Le comte *** appartenait à l'ancienne noblesse; son père, mort depuis peu, avait dû à la protection de l'empereur, au retour de l'émigration, une position sociale élevée, que les talens qu'il déploya dans plusieurs missions diplomatiques d'une haute importance, légitimèrent à tous les yeux. Quant à lui, élevé à l'École Militaire, il s'en était élancé avec toute l'ardeur chevaleresque de son âge, et il s'était distingué plusieurs fois sous les yeux mêmes de Napoléon, qui le récompensa sur le champ de bataille, et finit par l'appeler au commandement d'une brigade. Le comte, vivement affligé des malheurs de la France et que la mort n'avait frappé qu'à demi aux affaires sanglantes de Brienne et d'Arcis-sur-Aube, ne vit point dans la restauration un événement qui lui ouvrait une plus vaste carrière d'honneurs et de distinctions.

En entrant aux Tuileries, le comte chercha vainement des yeux ses vieux compagnons de dangers; il ne trouva à la place de ces soldats couverts d'honorables cicatrices, que des Suisses à qui l'honneur de garder les portes du château avait été donné. Son étonnement fut plus grand encore quand il eut pénétré dans l'intérieur des appartemens. Des gardes-du-corps et des mousquetaires de toutes les couleurs se pavanaient à la place où les conquérans de l'Italie et de l'Allemagne avaient si souvent monté la garde. Il ne vit nul part l'ancien uniforme national, et cette première impression fut pénible pour son cœur.

Un huissier poussa les deux battans d'une porte qui s'ouvrait sur un vaste salon d'attente, où un assez grand nombre de personnes formaient cercle jusqu'à l'heure fixée pour la présentation. Le nom du comte excita d'abord un léger murmure d'approbation ; mais son uniforme d'officier général, ses manières graves et froidement polies ne tardèrent pas à produire un autre effet. Les fauteuils qui s'étaient d'abord écartés comme pour lui ouvrir un passage se rapprochèrent aussitôt, et s'il fut l'objet de quelque attention, ce fut au milieu des chuchotemens et de quelques éclats de rire forcés, que le respect pour le lieu où il se trouvait ne lui permettait pas de réprimer. Ne trouvant personne à qui il pût adresser la parole, il s'assit sur une banquette dans l'embrasure d'une croisée, et s'abandonna à l'observation silencieuse de la scène que nous allons essayer de reproduire.

— Il paraît que nous nous étions trompés, dit avec un sourire de dédain un grand et maigre personnage qui portait un ancien habit à la française, flanqué d'une épée et de deux épaulettes à grosses torsades; c'est encore quelque sergent parvenu sous l'usurpateur et qui vient nous demander du service.

— On en est infecté, dit une marquise en jouant avec son éventail; mais Dupont m'a promis qu'il y mettrait bon ordre. C'est un homme de rien lui aussi, mais il pense bien.

— Oui, ajouta un jeune baron, remarquable seulement par les bésicles d'or qui dissimulaient sa vue basse. Les autres ne veulent pas lui pardonner son affaire de Baylen; ce fut une bonne plaisanterie en effet. Il n'y a pas un sous-lieutenant de la jeune garde qui ne se croie un héros, et s'il fallait les écouter, les gens comme il faut n'auraient aucun droit à servir la monarchie. Vous verrez que notre glorieuse restauration aura été faite pour quelques habitués de corps de garde, dont pas un, je crois, n'aurait été dans le bon temps exempt de tirer à la milice.

— Ce que dit monsieur le baron, répondit un noble marquis, est d'autant plus vrai que le fils d'un de mes gens, de mon maître d'hôtel, je crois, est parvenu sous M. Bonaparte au grade de capitaine; et que mon fils, oui, mon fils, a servi sous ses ordres comme sous-lieutenant! Voilà la révolution en peu de mots.

— C'est une horreur! s'écrièrent à la fois ces dames et ces messieurs.

L'arrivée d'un nouveau personnage annoncée avec fracas par le choc des deux battans de la porte, et la voix retentissante de l'huissier, causa un moment de distraction aux nobles interlocuteurs; le cercle s'agrandit comme par enchantement, et chacun des assistans se leva pour saluer monsieur le prince. C'était encore un jeune homme, maigre, pâle et efflanqué. Il était vêtu avec une négligence affectée; son crachat des ordres du roi était à demi caché sous les revers d'un habit noir taillé à l'anglaise; sa cravate en mousseline blanche tombait sur son gilet couleur de chamois, il portait des culottes courtes et des bottes à revers. Les principaux traits de son visage auraient été remarquables, si deux longues mèches de cheveux d'un blond cendré n'en n'avaient détruit l'harmonie en se collant sur ses joues creuses. Son regard était vague et timide, comme celui de Tartufe. D'un autre côté, l'air d'aisance et de supériorité qu'il essayait de se donner, en faisait une copie assez ressemblante d'un tory de la chambre des lords; c'est-à-dire en résumé, que cet important personnage avait à la fois l'air d'un dévot et d'un jockey. Avant de faire le léger balancement de tête, qui de sa part pouvait être regardé comme un salut, il promena ses regards sur l'assemblée, à l'aide d'un lorgnon suspendu à son cou par un ruban de soie noire. Il était sans doute d'étiquette que monsieur le prince parlât le premier, car après un moment de silence et d'attente, ce fut lui qui daigna prendre la parole.

— Messieurs et mesdames, dit-il avec un sourire forcé, vous me voyez au désespoir.

— Comment donc? ô mon Dieu! cela est-il possible? dirent tous les assistans avec les marques du plus vif intérêt.

— Certainement, continua le prince en promenant son lorgnon sur les auditeurs, on m'a mis sur une liste de je ne sais quels pairs de France, oui, on me fait pair! J'ignore si cette mystification du gouvernement représentatif durera bien long-temps : cela a pu être bon pour amuser la canaille jacobine pendant quelques jours; mais me faire pair, moi! Oh! c'est trop fort.

— Nous en sommes tous à nous demander, répondit le marquis, comment en donnant la charte, le roi aurait pu disposer des droits que, comme sa majesté, nous tenons aussi de nos pères. Ce que nous voulons, c'est la monarchie telle que nos ancêtres l'avaient illustrée, le roi et la noblesse.

— Vous avez raison, monsieur le marquis, reprit vivement le prince, mais vous oubliez que cette charte, qu'au reste je n'ai point lue...

— Ni moi, ni moi non plus, s'écria chacun des assistans.

— Que cette charte, continua le prince, porte un coup non moins funeste aux priviléges saints et immuables d'un ordre respectable, je veux parler du clergé. C'est un édit de Nantes complet; c'est plus encore, car l'impiété révoltante du peuple ne s'arrêtera pas à la tolérance qu'on lui accorde si bénévolement. Dieu et le roi, Messieurs, ou nous sommes perdus. Certes cette raison ne me permettra jamais de trahir ma conscience en prêtant serment à un acte qui consacre l'athéisme.

— Permettez-moi, Monseigneur, dit alors un homme d'un âge mûr, et qui n'avait point encore pris part à la conversation, permettez-moi de vous faire envisager l'acte dont vous parlez, sous un point de vue qui, dans votre noble dévouement et votre zèle si louable pour la monarchie, a pu ne pas vous frapper. La charte n'est pas seulement un résultat de la volonté du roi, auquel nous devons particulièrement une obéissance aveugle, c'est encore une haute transaction politique destinée à éteindre à jamais les germes de discorde et d'anarchie qui ont si long-temps troublé la France. Il n'y a donc que justice dans la charte, et s'il m'est permis de le dire, je suis convaincu que les serviteurs sincères de sa majesté doivent, autant que possible, se bien persuader que la restauration n'est point le retour à un ordre de choses détruit par la révolution, mais une ère nouvelle qui promet à la France le bonheur d'un long repos.

— C'est parler, Monsieur, répliqua le

prince avec autant d'étonnement que de mauvaise humeur, en profond politique, mais vous nous permettrez de ne point partager votre avis. Vous ne nous accuserez pas du moins d'avoir les premiers établi des distinctions entre les serviteurs de sa majesté. Notre opinion à nous qui nous croyons sincères, c'est que le roi est roi en vertu d'une loi qui a précédé toutes les autres. Ceci est pour les droits de la couronne; mais nous, Monsieur, je parle de la noblesse française, nous avons toujours été quelque chose dans la monarchie, et votre charte veut que nous payions l'impôt comme des savetiers. Je vous demande pardon, Mesdames, de cette horrible expression.

— Voilà le conseiller-d'état aux abois, dit le jeune baron à l'oreille d'une dame; quel dommage que le prince n'aime pas le gouvernement représentatif! il y aurait joué un rôle superbe.

— Veuillez me pardonner, Monseigneur, reprit l'homme honorable mais timide à qui le prince avait adressé la parole. Je n'ai point présenté mon opinion d'une manière absolue, elle doit se soumettre à vos hautes lumières. Si j'ai parlé ainsi de la charte, c'est que je crois encore qu'elle est une preuve de l'amour paternel que le roi porte à son peuple.

— Cela s'appelle reconnaître dignement une erreur, s'écria le marquis d'un air triomphal; mais le peuple! pourquoi parler encore du peuple? Le peuple, ce sont nos gens, nos fournisseurs, nos notaires si vous voulez; qu'est-ce que cela? Le peuple n'est rien, il y a quarante ans que je le dis, et personne ne veut m'écouter. Le peuple n'a point de droits; il n'a que des devoirs à remplir; le roi a des prérogatives, et les deux ordres de l'état ont des priviléges: sortez de ces principes, il n'y a qu'anarchie.

— Au surplus, reprit le prince d'un ton péremptoire, la marche actuelle des affaires ne peut durer plus long-temps, cela devient intolérable. Qu'on nous rende nos biens avec les fruits dont nous avons été privés depuis la révolution; car, comme l'a très-bien dit Ferrand à ces gens des communes : Les émigrés ont seuls des droits à la faveur et à la justice du gouvernement royal, parce que seuls ils ne se sont point écartés de la ligne droite. Qu'on rende à la noblesse les distinctions qui lui appartiennent légitimement; que nos enfans ne soient plus exposés à être commandés par des hommes de la classe de nos laquais; que surtout la religion reprenne tout son lustre, et nous verrons ensuite jusqu'à quel point on pourra s'occuper d'autres intérêts.

—Messieurs, dit alors le comte, qui avait long-temps contenu son indignation, je suis surpris et affligé d'entendre tenir de semblables propos aussi près des appartemens du roi. Ce peuple que vous méprisez a cependant prouvé depuis trente ans qu'il était quelque chose; craignez de le lui rappeler. Cessez de flétrir par d'injurieux sarcasmes plus d'un million de Français qui ont porté glorieusement les armes pour la défense de la patrie. N'irritez pas dans des cœurs fiers et généreux le profond sentiment de douleur qu'a dû y faire naître une grande infortune, qui était aussi la leur, qui était celle de la France. Je suis épouvanté de tout ce que je viens d'entendre; mes alarmes seraient moins vives si les suites de vos imprudens projets ne tombaient que sur leurs auteurs, mais elles rejailliraient aussi sur d'augustes destinées. Je rends grâce maintenant à l'illustre patronage qui m'a conduit ici, j'y vais faire entendre les accens de l'honneur et de la raison, et je croirai avoir dignement prouvé ma reconnaissance envers le roi en le prévenant contre vos perfides conseils. Si quelqu'un d'entre vous, ajouta-t-il avec un sourire amer, se croyait offensé par les paroles que je viens de prononcer, je me flatte qu'il ne peut douter de l'empressement que je mettrais à le satisfaire.

Un profond silence suivit cette allocution chaleureuse. Dans ce moment un prince de la famille royale fut annoncé : tout le monde se leva à son aspect ; il salua l'assemblée avec la noblesse et la courtoisie que naguère le peuple de Paris transporté de joie avait admirées en lui. Après avoir promené autour de lui des regards bienveillans, il fut frappé de la physionomie du jeune comte et daigna s'informer de son nom. A peine le lui eut-on fait connaître qu'il lui tendit les bras et sembla courir au devant de lui. Le noble jeune homme reçut avec toutes les marques d'un profond respect ces preuves d'une haute distinction; mais à l'air d'attention profonde que le prince lui prêta, et au nuage qui sembla passer sur son visage auguste, on put facilement deviner qu'il écoutait des paroles graves et des avis importans. Le prince fit signe au comte de s'asseoir auprès de lui, comme s'il eût voulu lui prouver qu'il trouvait à ses discours plus d'importance encore qu'il ne le supposait. Après un assez long entretien qui attira les remarques jalouses de tous les courtisans, le prince se leva et dit avec une vive émotion :

—Monsieur, j'espère que nous vous verrons souvent; je me plais à déclarer que vous êtes l'un des hommes les plus estimables avec qui j'ai eu l'honneur de m'entretenir depuis notre retour dans cette belle France que nous aimons tant ! Je veux avoir moi-même le plaisir de vous présenter au roi. Veuillez me suivre, Monsieur.

De longs murmures et des chuchotemens succédèrent à la sortie de l'auguste personnage et du comte, qui, en passant devant les personnes dont nous avons rapporté l'entretien, jeta sur elles un regard où respirait la noble indignation qui l'animait.

—Quel est donc cet insolent caporal de Bonaparte? dit d'un air dédaigneux l'autre prince; la présence de Monsieur ne m'a pas permis de lui faire sentir l'inconvenance de son allocution. Si de pareilles gens on leur entrée ici, tout sera bientôt perdu. Nous y mettrons bon ordre.

A ces mots il se leva, se servit encore de son lorgnon avec une sorte de lassitude et d'indifférence, et se glissa dans un appartement voisin. Ces messieurs et ces dames continuèrent à venir ainsi chaque jour aux Tuileries pour travailler au 20 mars.

Tandis que l'Europe est encore ébranlée par le mouvement énergique et puissant qu'a nécessité sa levée de boucliers contre Napoléon; tandis que les peuples, affaiblis par les cruels ravages de la guerre, soupirent après des jours meilleurs en comptant avec effroi les enfans qui manquent au foyer des chaumières, les souverains et leurs ministres réunis en congrès préludent à Vienne, au sein des fêtes et des banquets splendides, à cette paix tant désirée dont ils ont promis de doter le monde. La cité impériale tout entière ressemble à une vaste salle de bal; à peine la nuit vient-elle mettre fin aux plaisirs monotones du Prado, où une foule dorée et titrée a promené tout le jour son ennui diplomatique, que des sons vifs et mélodieux s'élançant des riches demeures occupées par l'aristocratie annoncent aux hôtes de sa majesté apostolique de nouveaux jeux et de nouveaux plaisirs. La noblesse fait les honneurs de l'Allemagne aux favoris en sous-ordre, aux personnes de la suite des princes et des ambassadeurs, les bourgeois fêtent les autres laquais dans des tavernes enfumées; le peuple travaille, le soldat veille, et l'un et l'autre reçoivent méthodiquement de temps en temps des coups de bâton, au nom de leur souverain paternel et légitime.

Mais c'est surtout à cette heure que l'antique palais des Césars de la maison de Habsbourg présente un coup-d'œil brillant, et qui n'est même pas sans intérêt aux yeux de ces observateurs cyniques à qui l'éclat des parures ne cache pas la misère et la bassesse des cours. Les voûtes gothiques de l'édifice impérial sont voilées sous de riches tentures dont la soie et l'or ornent les draperies ondoyantes. Des guirlandes de fleurs parent les chapiteaux des massives colonnes; des milliers de glaces reproduisent à l'infini les flots d'une foule empressée, égoïste, insatiable. Là les arts ont épuisé tout ce que l'imagination humaine peut leur inspirer de flatterie et de servilité. Qui pourrait dire aussi combien de larmes amères l'extorsion de ces richesses à l'industrie, à la patience des peuples, a dû faire répandre! C'est au milieu de ces femmes si vaines de leur parure et de leur beauté que François II se plaît à porter sa nullité sacrée, l'empereur Alexandre sa mélancolie rêveuse, et que le roi de Prusse traîne nonchalamment le nom du grand Frédéric. En vérité, il faut que la légitimité ait en effet quelque chose des vertus magiques de la pierre philosophale, et qu'elle change aussi en or les métaux les plus grossiers, pour que les nations honorent en ore ses représentans dans de tels princes.

Le czar de toutes les Russies danse une gavotte avec une baronne du saint empire; l'empereur d'Autriche se fait expliquer par M. de Hardenberg le mécanisme d'un nouvel instrument pour la pêche à la ligne, amusement favori de sa majesté; le roi de Prusse discute gravement avec un général bavarois, pour savoir le nombre de tresses qui doivent garnir la pelisse d'un housard, car c'est là un changement important que sa royale bienveillance médite depuis bien long-temps dans l'intérêt de son peuple et des passementiers de Berlin. Mais que les peuples se rassurent; non loin de ce lieu où leurs magnanimes souverains se délassent de leurs immenses travaux, il est un appartement retiré dont une garde sévère défend l'approche, et où veillent trois personnages puissans et tristement célèbres qui n'indiqueront pas le terme de ces fêtes scandaleuses tant qu'il restera à faire quelque mal à l'humanité.

Un grand nombre de ministres sont accrédités au congrès par les diverses puissances de l'Europe, mais ces trois hommes sont l'âme de cette réunion. Ce sont leurs principes ou plutôt leurs systèmes anti-sociaux qui serviront de bases à tous les traités, à toutes les déclarations officielles. La France, humiliée et vaincue, ne joue point un rôle influent dans ce drame déplorable; c'est son ambassadeur qui y exerce une autorité personnelle. Il ne brille pas au premier rang par la raison qu'il représente son pays; mais c'est l'homme d'état de l'Europe; il appartient à tous les rois. En conséquence, si quelquefois les autres membres du congrès prennent part à des discussions qui intéressent leurs princes ou leurs nations, c'est seulement pour couvrir du manteau des formes diplomatiques les déterminations oppressives et violentes que les triumvirs ont d'avance arrêtées. Il n'y a cependant entre ces personnages aucune sympathie, aucune secrète intimité; ils se craignent et se détestent mutuellement. Réunis dans ce moment autour d'une vaste table couverte d'un tapis vert, sur laquelle sont déposés un grand nombre de papiers et de cartes géographiques, ils vont agiter entre eux les destinées futures de l'Europe. Ils appartiennent à trois nations qui diffèrent entre elles par la langue, les institutions et les mœurs, et jusqu'à un certain point, chacun d'eux offre par la direction de son intelligence le type moral de son pays.

Le plus âgé des trois plénipotentiaires, habile dans l'art de tromper les hommes, est parvenu à tromper aussi la marche infaillible du temps et à voiler les rides de son front. La célébrité de son nom commença avec l'ère nouvelle de la France; car, alors revêtu d'une haute dignité ecclésiastique, il assista à cette grande assemblée qui, armée de toutes les forces nationales, brisa les vieilles chaînes de la monarchie. La régularité de ses traits et la beauté de sa chevelure soyeuse éloignent toute idée de ses premières fonctions. Son œil vif et brillant est recouvert par d'épais sourcils, comme si la nature eût voulu lui donner les moyens d'en tempérer à volonté l'éclat et l'expression. Malgré l'étude qu'il s'est faite de rendre impassible sa physionomie spirituelle, son sourire sardonique et je ne sais quoi de cynique et de moqueur répandu dans ses traits, servent pour ainsi dire de cachet à son génie et en révèlent toutes les nuances. Orateur médiocre à la tribune, il est dans les salons et dans le cabinet l'adversaire le plus souple, le plus insinuant, le plus dangereux. Il se plaît à décevoir l'attention de ses auditeurs; le côté sous lequel il présente d'abord une question n'est pas celui sous lequel il veut la faire triompher; c'est l'homme de France le plus profond en bons mots; ses épigrammes sont de l'histoire à la manière de Tacite. Il a la confiance de tous les souverains, mais aucun d'eux ne se fierait à lui particulièrement. S'il s'abandonne parfois à la chaleur d'une discussion, il s'élève aussitôt à la hauteur du génie; la rapidité de ses discours, la clarté de ses raisonnemens, la force de ses expressions révèlent en lui l'homme d'état consommé dont l'esprit a gâté le cœur. Il est une preuve vivante de l'abus qu'on peut faire du talent, car il n'a manqué à cet homme pour enchaîner l'admiration de son siècle et de son pays que de la droiture et du patriotisme.

Le personnage avec lequel le plénipotentiaire français cause en ce moment à voix basse est le chef de l'oligarchie germanique; son large front et le volume de sa tête, augmenté encore par la coiffure gothique dont elle est surchargée, lui donnent quelque ressemblance avec l'illustre Mirabeau. Cependant il n'y a aucuns rapports entre leurs talens. Sous des manières simples et affables, M. de Metternich cache un esprit ferme et méditatif, une volonté inflexible, une âme incapable d'enthousiasme et d'entraînement. C'est un penseur qui ressemble à son système politique, il est froid et impassible : il est à l'Allemagne ce que la planète de Saturne est dans l'ordre général. C'est une intelligence qui lui est nécessaire peut-être, mais c'est un soleil sans rayons, qui ne répand ni vie ni chaleur sur la zone où il règne. Ardent ennemi de tout ce qui peut enflammer l'imagination des peuples, de tout ce qui est libéral et généreux, il gouverne la monarchie impériale comme à l'aide d'une clef on règle le mouvement d'une montre. C'est le chevalier du *statu quo ;* tout son système est renfermé dans ces deux mots : rien en deçà, rien au delà ; opprimer pour conserver, voilà sa devise et ses principes ; aussi est-il difficile de le tromper. Il a pour le changement l'antipathie que les hydrophobes ont pour l'eau. Il permet à l'empereur de faire le métier de juge de paix et de procréer à son gré des archiducs et des princesses; mais c'est lui qui règne (1). Les libéraux de France se

(1) S. M. l'empereur d'Autriche et ses augustes alliés ne sont jugés ici que dans une appréciation relative aux intérêts de la France. Loin de nous la pensée de vouloir porter atteinte au caractère de ces illustres personnages dans l'esprit de leurs loyaux sujets. L'empereur François est, dit-on, adoré dans tous ses états héréditaires. Il considère consciencieusement la dignité impériale dont il est revêtu comme une magistrature de paix et de conciliation, dont il remplit tous les devoirs. Accessible pour le dernier de ses sujets comme pour ses ministres, il juge en dernier ressort les contestations que la confiance et l'amour de ses sujets portent à son auguste tribunal. Nous croyons devoir rapporter ici une anecdote dont l'authenticité est certaine, et qui prouve la foi que les Autrichiens ont dans l'équité de leur souverain.

A l'époque du congrès de Laybac, deux riches négocians des environs de Vienne vinrent dans cette ville pour solliciter une audience de l'empereur. Le hasard les réunit à table d'hôte avec une personne attachée à la légation française et de qui nous tenons ces détails. Ils lui apprirent que, condamnés l'un et l'autre, par le magistrat de leur cercle, à recevoir cinquante coups de bâton, ils en avaient appelé à l'empereur lui-même : il s'agissait d'une infraction à la loi des douanes.

— Nous avons été mal jugés, dirent-ils, personne

moquent beaucoup de M. de Metternich; ce n'est pas là une raison qui puisse l'émouvoir, et d'ailleurs des plaisanteries ne suffiront jamais pour ébranler la ténacité et la force d'inertie de cet Hercule du pouvoir absolu. C'est, au fond, le ministre le plus habile et le plus dangereux de l'Europe. Si jamais les peuples faisaient aussi des congrès, il aurait des droits énormes à la haute potence d'Aman, non pas

n'a voulu comprendre notre affaire, et l'on nous a rendu responsables de l'inexpérience d'un de nos agens; mais l'empereur nous fera justice.

Le lendemain, les négocians autrichiens se trouvèrent à la même table après leur audience, et le Français, que leur histoire avait vivement intéressé, s'empressa de leur demander quel en avait été le dénouement. Il ne doutait pas, d'après la tranquillité dans laquelle ils paraissaient être, qu'ils n'eussent complétement réussi.

— Nous ne nous étions pas trompés, Monsieur, dit l'un d'eux; l'empereur nous a parfaitement bien expliqué notre affaire, dont il avait lu toutes les pièces. Il nous a prouvé que nous avions été justement et légalement condamnés. *Je pourrais vous faire grâce*, a ajouté sa gracieuse majesté, *mais vous seriez les premiers à m'en savoir mauvais gré; vous êtes riches et vous* comme traître à son pays, mais comme ennemi de l'humanité.

Le ministre anglais, penché à un coin de la fameuse table verte sur une carte géographique, pour se donner un air de profondeur et de méditation, est un phénomène inexplicable dans l'ordre social. Si Napoléon a été appelé l'homme du destin, il a le droit d'être

ne voudriez pas qu'on dise à Vienne que l'empereur a des préférences pour ses sujets suivant leur rang ou leur fortune. Je vous engage à subir votre sentence avec résignation. Et nous partons demain, ajouta l'Autrichien en pleurant d'enthousiasme.

Certes! un souverain qui a une telle idée de la justice et qui peut inspirer à ses sujets un si profond respect pour ses décisions a bien le droit de pêcher des goujons à Schœnbrunn si cela lui plaît.

S. M. prussienne a, dit-on, une peur excessive des libéraux; ce mauvais plaisant de M. de Metternich est parvenu à lui faire croire que les *carbonari* et les *amis de la vertu* pouvaient pénétrer par sa cheminée jusque dans sa chambre à coucher. A cela près, on dit que c'est un bon prince, chéri de ses sujets, et nous nous plaisons à le croire.

nommé l'homme de la fortune et du hasard. Il est grand, mince, efflanqué, et son uniforme rouge fait ressortir davantage la pâleur naturelle de ses traits. La proéminence anguleuse de son nez et la vague inquiétude qu'exprime son regard lui donnent une similitude malheureuse avec le vautour, oiseau de proie qui possède la force et l'instinct du mal sans avoir celui du courage. Lord Wellington, puisqu'il faut le nommer, représente dignement au congrès l'inflexible aristocratie anglaise. La noblesse française a de la présomption, de l'orgueil et de la frivolité; mais elle n'est point entièrement déshéritée de la valeur chevaleresque de ses ancêtres, et quelques brillantes qualités compensent du moins ses défauts. Les barons allemands sont lourds et méthodiques; ils sont convaincus que leur espèce est éminemment supérieure à celle de leurs paysans; mais l'aristocatie anglaise peut seule donner naissance à ces êtres implacables, sans analogie avec les races d'hommes civilisés; c'est de son sein que sortent les Beresford, les Castelreagh, les Hudson-Lowe, les Wellington. Au reste, sa grâce a convaincu de sa supériorité tous les membres du congrès et les hautes puissances contractantes, à l'exception toutefois des deux hommes habiles de cette réunion, M. de Metternich et l'ambassadeur français. Ces deux ministres ont l'art d'inspirer au noble pair britannique toutes les idées que sa vanité lui fait bientôt prendre comme des élucubrations de son génie. Quelques mots prononcés hier par M. de Metternich sur la proximité de l'île d'Elbe des côtes d'Italie et de celles de France occupent en cet instant les méditations de sa grâce. Ses collègues, qui viennent de consentir entre eux à l'échange d'une centaine de mille âmes saxonnes contre une centaine de mille âmes prussiennes, le regardent maintenant en souriant, et attendent patiemment que l'inspection de la carte lui suggère la détermination lumineuse qu'ils ont désiré lui faire prendre. Il le faut bien : tous les autres membres de la légation anglaise rendent hommage dans ce moment aux mœurs de leur patrie, et sont complétement ivres, aussi bien que bon nombre de diplomates allemands, qui ont tenu tête aux sujets de sa majesté britannique, avec le bon vin de Tokai, par esprit national.

—Votre grâce, dit enfin M. de Metternich, nous a fait l'honneur de nous promettre aujourd'hui même son avis au sujet de la délimitation des frontières de l'est de la France. Votre grâce sait que sa majesté sarde réclame la Savoie comme une propriété inhérente à l'existence politique de sa royale maison.

— Oui, ajouta l'ambassadeur français, et c'est à ce titre que sa majesté apostolique pourrait réclamer le Dauphiné comme un fief impérial (1), et sa majesté britannique l'Anjou, le Poitou et la Normandie; mais j'oubliais qu'elle a daigné renoncer au royaume de France à l'époque du traité d'Amiens. M. de Metternich se pinça les lèvres.

— Castelreagh ne songe à rien, dit lord Wellington d'un ton de mauvaise humeur très-marqué.

(1) On nous assure que cette plaisanterie diplomatique a été formellement réalisée en 1815 par l'Autriche. L'auteur se souvient même que le patriotisme dauphinois s'en alarma à cette époque; mais cette proposition fut retirée sur les observations de la Russie.

— Comme s'il était membre du congrès, repliqua l'excellence française à voix basse.

— Messieurs, reprit sa grâce, je ne crois pas que cette affaire intéresse directement l'Angleterre, je voulais dire la tranquillité de l'Europe. D'ailleurs la Sardaigne n'est pas une puissance maritime.

— Elle pourrait l'être, ajouta vivement le diplomate français, et c'est pour cela qu'il faut lui donner l'état de Gênes : voici mes raisons, qui sont toutes dans l'intérêt de l'Angleterre. Gênes doit appartenir à quelqu'un, puisque le rétablissement de l'indépendance des anciennes républiques italiennes a été rejeté par le congrès. Si vous voulez que cette ville ne reprenne jamais sa prépondérance maritime, il faut la donner au roi de Sardaigne, et je suis certain que sa majesté ne causera à cet égard aucune inquiétude à l'Angleterre, je voulais dire à l'Europe, comme votre grâce l'a si bien expliqué.

— Cela est fort bien, dit gravement M. de Metternich, mais nous ne devons pas oublier que toutes les résolutions du congrès doivent reposer sur le principe du *statu quo ante bellum*.

— Certainement, répondit l'ambassadeur français, ces mots seront dans le protocole pour l'édification de l'avenir; sans cela votre excellence se trouverait fort embarrassée de Venise; mais Gênes ou Portsmouth, c'est absolument la même chose pour sa majesté sarde.

— Je demande pardon à vos excellences, dit lord Wellington, je ne suis point préparé à cette discussion qui, je l'espère, se terminera à la satisfaction de tout le monde. Je faisais en parcourant cette carte une remarque bien importante, c'est que tous les arrangemens que nous prenons peuvent être traversés tout à coup par un événement qu'il faut prévoir.

— De quoi s'agit-il donc? dit M. Metternich avec un air de bonhomie qui fit sourire l'ambassadeur français.

— L'île d'Elbe, continua sa grâce, est trop

voisine des côtes de Toscane ; je la trouve bien près aussi de celles de la France. Qu'en pensent vos seigneuries?

— Nous savons que votre grâce a des connaissances profondes en géographie, dit froidement l'ambassadeur français.

— Je vais m'expliquer, reprit le lord. Bonaparte, en obtenant l'île d'Elbe à titre de souveraineté indépendante, demeure au milieu de l'Europe comme un obstacle à tous les projets ultérieurs des hautes puissances; tant que cet homme sera si près de nous, il faudra que tous nos traités contiennent une clause de prévoyance dont il sera l'objet. La lutte est finie, mais elle peut recommencer tant qu'il lui restera en Europe une place où il poura poser le pied.

Les deux autres diplomates se regardèrent avec un étonnement qui ne parut point étudié et qui semblait dire : comment n'avons-nous pas songé à cela? sa grâce est un prodige! Cependant il venait de répéter les propres paroles que M. de Metternich avait à dessein laissé tomber devant lui.

— Cette observation est en effet d'une haute importance, dit le plénipotentiaire allemand ; dans votre bouche, Milord, elle a surtout une gravité diplomatique incontestable. Si l'Angleterre a des projets particuliers contre l'existence politique de Napoléon, ils doivent faire l'objet d'une proposition positive et directe. Est-ce l'intention de votre grâce ?

— L'Angleterre, répondit lord Wellington avec hésitation, ne peut et ne doit, dans cette circonstance, avoir des projets indépendamment de l'assentiment du congrès. Celui dont il est ici question rentre entièrement dans les prévisions de l'alliance générale.

— Il faut en excepter un membre important, ajouta le ministre français : l'empereur Alexandre, qui a formellement stipulé les garanties que Napoléon désirait lors du traité de Fontainebleau, ne pourrait adopter aujourd'hui des clauses contraires aux intérêts de son ancien allié.

— Sans doute, continua M. de Metternich ; et sa majesté l'empereur d'Autriche, pour des raisons dont je n'ai pas besoin d'expliquer les convenances à vos seigneuries, ne manquerait pas d'adopter l'opinion de son illustre ami. Cependant *la proposition* de votre grâce a besoin d'être examinée mûrement. Mais dans le cas où elle serait adoptée en principe par le congrès, il serait à propos d'indiquer d'avance la nouvelle demeure qu'il conviendra de fixer à Napoléon.

— Mais, reprit lord Wellington après un moment de silence qu'il employa à réfléchir ou à chercher un mot que sa mémoire ne lui rappelait pas promptement, je crois qu'en désignant au général Bonaparte une île plus éloignée de l'Europe que celle qu'il occupe, on rendrait à la fois un grand service à ce personnage et aux ambitieux qui ne manqueront pas de s'agiter en son nom... Par exemple, l'île de Malte ou Sainte-Hélène.

— Pourquoi pas Botany-Bay ? murmura le diplomate français avec un sourire amer.

— A-t-on des nouvelles de l'île d'Elbe? demanda alors M. de Metternich avec une indifférence affectée.

— La correspondance de sir Niel Campbell, répondit lord Wellington, ne contient rien de remarquable.

— Elle sera plus significative, ajouta négligemment le ministre français quand Napoléon saura ce qui se passe. La décision qui le concerne devrait, il est vrai, être enveloppée du secret le plus profond; mais enfin il est certain que si l'ex-empereur connaissait directement ou indirectement la proposition de votre grâce, il prendrait lui-même une détermination qui pourrait simplifier cette négociation. Il n'y a que la flotte anglaise, je crois, qui surveille l'île d'Elbe.

— Sans doute, dit M. de Metternich; mais la station navale de sa majesté britanique est peu nombreuse; on a pensé avec raison que Napoléon, dans la position où il se trouvait, ne pouvait concevoir aucun projet d'évasion.

— Cela est vrai, reprit lord Wellington, et je vais expédier des ordres pour que la surveillance devienne plus active et plus rigoureuse.

— Leurs majestés, dit un chambellan qui entra alors dans cette salle avec précaution, demandent vos seigneuries.

Les trois ministres, après avoir fait un signe de tête à cet officier du palais, se disposèrent à obtempérer à la gracieuse invitation qu'ils venaient de recevoir. Mais après avoir quitté leurs siéges, ils se trouvèrent de nouveau réunis à l'extrémité de la table et causèrent long-temps encore et à voix basse. Après le souper royal, auquel ils assistèrent, lord Wellington eut dans la salle du bal un long entretien avec un prince allemand, dont l'attachement à Napoléon était connu. Quelques jours après, le sujet de la conversation dont nous avons rapporté quelques fragmens servit de texte à une délibération du congrès; mais les insinuations secrètes des diplomates que nous avons jugé à propos de mettre en scène avaient déjà porté leurs fruits.

L'empereur Napoléon est dans son cabinet

à Porto-Ferrajo; une foule de journaux et de brochures imprimés dans diverses parties de l'Europe couvrent le bureau sur lequel il est appuyé. Parmi ces écrits, ceux qui viennent de France captivent surtout son attention. De temps en temps il suspend sa lecture, et semble s'abandonner à de silencieuses pensées; mais les éclairs qui sortent de ses yeux en révèlent la hauteur. Il prend, quitte et reprend une lettre qu'il a déjà lue plusieurs fois; alors il se lève, et parcourt avec agitation l'étroit espace qu'il a destiné au travail et à la méditation. Enfin la porte du cabinet s'entr'ouvre, et l'on annonce à l'empereur le général ***.

— Entrez, général, dit-il avec satisfaction.

C'est un homme d'environ quarante-cinq ans, d'une taille au dessous de la moyenne; il paraît débile et souffrant; et sans les insignes du haut grade militaire dont il est revêtu, nul ne pourrait penser que sa vie est célèbre dans les annales de la gloire, et qu'il est un de ces braves et intrépides généraux dont le nom sera toujours cher aux soldats de la France. Son front chauve et sa physionomie douce et spirituelle préviennent en sa faveur et impriment le respect. Son regard vif, brillant de tous les feux d'une noble intelligence, annonce en lui un caractère ferme et généreux. C'est un philosophe guerrier, il fut le sage de la grande armée. L'amour de la patrie et l'enthousiasme de la gloire l'ont de bonne heure arraché aux travaux pacifiques de la science, et son courage militaire se cache sous les formes simples et austères du citoyen qui chérit la liberté et les arts de la paix. La nature ne l'a fait ni courtisan ni homme d'état; souvent dans les jours du triomphe il fit entendre à Napoléon les accens sévères de la vérité, il s'exposa même à encourir sa disgrâce, quand ses sages conseils pouvaient paraître inopportuns au maître de l'Europe : aujourd'hui il est encore l'ami et le compagnon fidèle de son empereur exilé. Il vit toujours au milieu de nous, car les fureurs de l'esprit de parti et d'une faction implacable vinrent se briser contre sa vertu : mais nous ne prononcerons pas son nom, pour ne pas troubler l'honorable obscurité à laquelle il s'est voué.

— J'ai désiré vous voir, général, continua

Napoléon d'un ton solennel, qu'il n'avait pas l'habitude de prendre dans ses entretiens familiers; j'apprécie toute la force et toute la sincérité de l'attachement que vous me portez: mais je connais surtout votre amour pour la France; c'est de ses plus chers intérêts que j'ai l'intention de vous parler. J'ai eu hier une entrevue de la plus haute importance avec un homme honorable, qui a quitté Paris seulement depuis quinze jours. Il m'a apporté des nouvelles d'une gravité telle qu'elles ont ébranlé mon cœur et m'ont presque décidé à changer les plans que j'avais formés pour l'avenir (1).

— Votre Majesté, répondit l'illustre général, a sans doute des raisons pour compter sur l'exactitude des rapports qui lui ont été faits.

(1) Peut-être n'est-il pas inutile de prévenir le lecteur que toutes les opinions émises par l'empereur, dans le cours de cet entretien, lui appartiennent réellement. On ne se serait pas permis davantage d'altérer les expressions dont il se servit. Napoléon était un homme qui avait son langage à lui; toutes ses paroles étaient de l'histoire : elles ne peuvent s'imiter.

— Oui, général, le personnage dont je vous parle est digne de mon estime; il a toute ma confiance. Je croyais, lorsque j'abdiquai, que les Bourbons, instruits et corrigés par le malheur, ne retomberaient point dans les fautes qui les avaient perdus en 1789; mais je me suis trompé. Leur traité du 23 avril m'a profondément indigné. Si j'avais voulu signer la ruine de la France, ils ne seraient pas sur mon trône : j'aurais mieux aimé me trancher la main. J'ai préféré renoncer au trône, plutôt que de le conserver aux dépens de ma gloire et de l'honneur des Français; mais le sacrifice que j'ai fait n'a point eu les résultats que j'en attendais.

— Il est vrai que Votre Majesté n'a point suffisamment profité des avantages qui lui restaient, même après ses malheurs et malgré les honteuses défections qui ont paralysé ses desseins. Mais, Sire, la magnanimité que vous avez montrée dans ces graves circonstances vous donne des droits aux respects de vos plus cruels ennemis, et l'acte qui a mis fin à votre vie politique vous assure une place éternelle dans la mémoire des hommes.

— Ce n'est pas de moi qu'il s'agit, général, reprit Napoléon avec chaleur; vous savez que je me contente de peu : si le sort, en me frappant, avait laissé la France grande et heureuse, je me serais accommodé de la ration d'un simple soldat ; je l'ai partagée bien souvent. Vous faites allusion au traité de Fontainebleau et à mon abdication. Mon abdication fut conventionnelle, et le traité a été indignement violé par tout le monde, excepté par moi. Je suis donc personnellement affranchi de tout engagement pour l'avenir. Mes ennemis me croient perdu ; ils m'ont représenté comme un misérable fou, avide de sang et de carnage ; mais je me montrerai de nouveau, ils entendront encore le langage du maître ; l'Europe le reconnaîtra.

— Sire, vous me voyez vivement inquiet de ce que les ouvertures que Votre Majesté daigne me faire ont de menaçant ; je ne comprends pas bien....

— Je vais m'expliquer, général : la France est mécontente ; elle est malheureuse. Les Bourbons n'ont tenu aucune de leurs promesses ; leur faiblesse et leur partialité ont indigné la nation; le trône royal est sur un volcan... Ne m'interrompez pas. Des émigrés qui n'ont jamais entendu le bruit du canon sont préférés à mes généraux; on les accable de mépris et d'humiliations. Les émigrés!...... J'ai fait une grande faute en rappelant en France cette race anti-nationale; sans moi ils seraient tous morts de faim à l'étranger. Mes soldats partagent la haine qu'inspire à ces imprudens tout ce qui peut leur rappeler la gloire de mon règne. On les outrage sans cesse par d'indignes comparaisons avec ceux qu'ils ont tant de fois vaincus. L'armée ne peut consentir à se séparer de nos beaux souvenirs, elle a conservé le sentiment de sa supériorité, et elle rejette sur leurs véritables auteurs nos grandes infortunes. La nation a peut-être encore de plus justes sujets de plaintes. L'égalité civile, dont toutes mes lois sont si fortement empreintes, est sans cesse attaquée; les Bourbons placent au premier rang des services rendus à l'état la honte d'avoir porté les armes contre la France. Les titres, les grades, les pensions sont jetés avec profusion aux vendéens et aux chouans; aux chouans dont les brigandages ne peuvent se cacher sous aucune couleur de parti; la famille de George, d'un assassin légalement condamné, a été anoblie. La légion-d'honneur a été dépouillée de ses prérogatives; elle a été prodiguée jusqu'à l'avilissement. Les écoles militaires ont été rétablies sur l'ancien pied et dans l'intérêt de la noblesse. On a porté la main sur l'inamovibilité des tribunaux; cette sauvegarde de la liberté et de l'honneur des citoyens n'existe plus. Les acquéreurs des domaines nationaux sont formellement attaqués; et le peuple des campagnes, épouvanté de la réaction dont il est témoin, croit fermement qu'on a le dessein de le courber de nouveau sous le joug de la glèbe et du vasselage. Enfin la liberté de conscience n'est plus respectée; les hautes raisons politiques qui m'avaient fait prohiber les cérémonies extérieures du culte, là où deux communions se trouvaient en présence, ont été foulées aux pieds. Les prêtres, qui me doivent tout, s'abandonnent contre moi aux déclamations les plus insensées, à la face d'un peuple qui, plus sage que moi peut-être, murmura d'abord contre les bienfaits dont je les accablais. On les a fait puissans : ils se font intolérans; c'est l'esprit de l'église.

Cela ne peut pas durer ; les alarmes sont trop vives, la mauvaise foi trop évidente et le gouvernement trop faible. Non, les Bourbons n'ont pas le bras assez fort pour résister à l'orage qu'ils ont soulevé contre eux...

— Sire, je suis épouvanté de tout ce que je viens d'entendre.

— C'est indigné que vous voulez dire, général, reprit l'empereur avec la même chaleur. Le gouvernement royal est bon pour les prêtres, les nobles, les vieilles comtesses d'autrefois : il ne vaut rien pour la génération actuelle. Le peuple a été habitué par la révolution à compter dans l'état; il ne consentira jamais à retomber dans son ancienne nullité, et à redevenir le patient de la noblesse et de l'église... L'armée ne lui sera jamais dévouée. Nos victoires et nos malheurs ont établi entre elle et moi un lien indestructible : avec moi seul, elle peut trouver la vengeance, la puissance et la gloire: avec ce gouvernement elle ne peut recevoir que des injures et des coups. Les rois ne se soutiennent que par l'amour de leurs peuples ou par la crainte;

ce dernier moyen ne réussit pas toujours. La France me redemande ; elle sait que mon trône est la consécration solennelle de tous les intérêts créés par la révolution. Le gouvernement royal aura pour lui les prêtres et les émigrés ; j'aurai pour moi tous les hommes qui ont du patriotisme et de l'âme ; la lutte ne peut pas être longue. La voix de la France a retenti jusqu'au fonds de mon cœur ; depuis vingt-cinq ans je n'ai pas eu une seule pensée qui ne fût pour elle, j'ai le sentiment profond de l'obéissance que je lui dois. La France m'appelle, je répondrai.

L'enthousiasme auquel Napoléon s'était involontairement livré en prononçant ces dernières paroles, s'était en quelque sorte communiqué au général à qui elles s'adressaient. Il regarda un moment l'illustre proscrit avec cette admiration méditative qu'éprouvent pour les grandes choses les hommes fortement organisés. Mais bientôt la froide raison reprit son empire sur ses sens agités par l'allocution vive et entraînante qu'il venait d'entendre. Sa sagacité lui révéla en un instant tous les malheurs qui pouvaient être la conséquence des projets audacieux de l'empereur, et il se disposa à lui faire part de ses craintes avec une noble sincérité.

— Sire, dit-il, si le tableau que Votre Majesté a daigné me faire de la situation de la France n'est point exagéré, on doit gémir sur l'aveuglement de ceux à qui la providence a confié son sort. Mais je ne puis croire que d'après d'aussi vagues renseignemens, Votre Majesté puisse se décider à rompre un état de paix qu'une formidable alliance paraît intéressée à maintenir. D'ailleurs, Sire, j'ai remarqué avec peine que Votre Majesté ne séparait pas assez les Bourbons de leurs ministres. Je ne sais si la nation a bien compris les institutions que le roi lui a données; mais ces institutions me semblent rendre impossible l'aversion que la France manifeste, vous a-t-on dit, contre ses nouveaux princes. Ce n'est pas sur eux que pèse la responsabilité de leurs actes. Ah! Sire, les intentions des meilleurs souverains peuvent être si facilement dénaturées! D'ailleurs, sans cesser de mériter votre confiance, le personnage à l'opinion duquel Votre Majesté s'est rangée, n'a-t-il pas pu prendre le mécontentement de ses amis et des plaintes partielles pour le sentiment de toute la nation? Que Votre Majesté veuille bien y réfléchir, ceci est grave. En parlant ainsi, je ne prétends pas prendre la défense des Bourbons, leur cause n'est point la mienne, mais je défends celle des rois et la vôtre même.

— Vos observations, général, sont d'un honnête homme, mais elles ne sont pas d'un homme d'état. La Charte, il est vrai, institue des ministres responsables; cela est bon pour les petites choses et pour les temps ordinaires; mais en politique générale, les rois sont au contraire responsables aux yeux de l'humanité des fautes de leurs ministres. Ce n'était pas des miens, c'était de moi seul qu'on se plaignait quand la conscription, que les pertes de mes armées rendaient nécessaire, était devenue trop exigeante. Souvenez-vous bien que quelle que soit la constitution d'un état, le caractère personnel et la volonté du souverain sont toujours d'un grand poids dans la balance. Au surplus, tous les renseignemens que j'ai reçus de la France sont parfaitement d'accord avec le rapport détaillé qui m'a été fait, et dont en vous faisant part, j'ai plutôt adouci qu'exagéré les circonstances.

— Eh bien! Sire, avant de prendre une détermination dont les suites sont peut-être incalculables, permettez-moi de vous donner une nouvelle preuve de mon dévouement à Votre Majesté, et de mon inaltérable amour pour ma patrie. Ordonnez, Sire, et je pars seul, déguisé. Je parcourrai la France; je ne négligerai aucun moyen pour m'éclairer. Je visiterai les plus humbles chaumières, j'assisterai à toutes les réunions où l'esprit public peut agir en pleine liberté, et je reviendrai vous dire la vérité tout entière.

— Non, non, répondit l'empereur en se promenant avec agitation les mains croisées derrière le dos suivant son habitude. Cela est inutile, on ne m'a pas trompé.

— Puisque vous rejetez mes offres, Sire, reprit le général, j'appellerai maintenant votre attention sur un point important. Les alliés....

— Ah!... j'avais oublié en effet de prévenir

cette observation que vous ne pouviez manquer de me faire à cet égard. Croyez-vous que les Saxons, les Génois, les Belges, les Polonais soient bien disposés pour les souverains qu'on veut leur donner? Je ne me fais point illusion cependant, mais je regarde comme certain que les rois qui m'ont fait la guerre n'ont plus la même union, les mêmes vues, les mêmes intérêts. Leurs déterminations quelles qu'elles soient n'influeront jamais sur les miennes. La France parle, cela suffit. Général, je vous ai donné aujourd'hui une grande preuve de mon estime: je veux qu'elle soit complète. Lisez cette lettre: elle n'est pas signée, mais j'en connais l'écriture, je sais d'où elle vient, et j'y ajoute une foi entière.... Lisez.

En parcourant rapidement le papier que Napoléon venait de lui remettre, le général parut vivement ému, et ne put déguiser le mouvement naturel de douleur et d'indignation que cette lecture lui arracha.

— Vous le voyez, général, reprit l'empereur avec calme; on veut en agir sans façon avec moi; il a été résolu entre les membres les plus influens du congrès qu'on me transporterait à Malte ou à Sainte-Hélène. Je ne leur conseille pas d'y essayer; je leur ferais payer cher leur odieuse tentative. J'ai des vivres pour me nourrir six mois, des canons et des braves pour me défendre. Mais comment l'Europe voudrait-elle se déshonorer en s'armant contre un seul homme, qui ne veut pas, qui ne peut plus lui faire aucun mal? Ce sera le fait de quelques-uns d'entre eux; je sais d'où le coup part. L'empereur Alexandre aime trop la postérité pour consentir à un pareil attentat... Aussi on ne le consultera pas; d'ailleurs sa volonté l'emporterait-elle contre toutes les intrigues dont je suis l'objet?...

— Sire, cela est odieux : j'avais déjà appris qu'un bruit semblable avait couru en France, mais je ne pouvais croire qu'il eût le moindre fondement.

— Soyez certain qu'on ne m'en fait point accroire facilement : le fait est positif, ils sont capables de tout. J'avais dû me contenter de la souveraineté de l'île d'Elbe, ils me l'ont garantie par un traité solennel. En cela, je croyais servir les intérêts du peuple français. Tout ce que j'ai fait a toujours été pour la France. C'est pour elle et non pour moi que j'aurais voulu la rendre la première nation de l'univers. Ma gloire est faite, à moi!

— Sans doute, Sire, reprit le général; et quelle que soit la déloyauté de vos ennemis, ils ne parviendront jamais à y porter la moindre atteinte. Votre gloire est plus encore, Sire; elle appartient à la France. Je ne doute pas que tous les cœurs généreux n'y battent d'admiration pour votre personne; ce sentiment vous survivra, il passera de génération en génération. Mais, Sire, je n'envisage pas sans une sorte d'effroi les suites que le retour de Votre Majesté pourrait avoir en France. Si une nouvelle révolution doit encore être l'*ultima ratio* de notre pays, je voudrais que la présence de Votre Majesté devînt alors une intervention bienfaisante, au lieu d'en être la principale cause. Mourons en héros sur ce rocher, si l'on ose nous y attaquer; mais au nom de votre gloire, attendez, Sire, que le vœu de la France soit plus expressif et plus énergique.

— Oh! soyez tranquille, général, reprit l'empereur en souriant; je ne suis point un conspirateur. Puis s'animant par degrés, il continua : — Oui, j'y suis résolu : c'est moi qui ai donné les Bourbons à la France; c'est moi qui l'en délivrerai. Je partirai... L'entreprise est grande, est difficile, est périlleuse, mais elle n'est point au dessus de moi. La fortune ne m'a jamais abandonné dans les grandes occasions.... Je partirai non point seul, je partirai avec mon épée, mes Polonais, mes grenadiers. La France est tout pour moi, je lui appartiens; je lui sacrifierai avec joie mon repos, mon sang, ma vie!

Jamais lorsqu'assis sur son trône et entouré d'une cour brillante, il recevait les grands corps de l'état, il n'avait paru plus grand, plus digne de la pourpre impériale. Il y avait dans ses accens chaleureux quelque chose de prophétique et d'entraînant qui exerça un irrésistible ascendant sur le cœur patriote et pur du général. Une voix secrète semblait lui dire que la destinée de la France était à jamais liée à la destinée de ce grand homme, et il ne retrouve plus de paroles pour combattre des projets qui semblaient arrêtés dans l'audace et la puissance de son génie.

— Sire, répondit-il avec respect, quels sont les ordres de votre majesté?

— Aucuns dans ce moment, répliqua l'empereur en se promenant de nouveau à grands pas. Vous serez bientôt informé de mes dernières résolutions. Il ne faut qu'un coup de canon pour rassembler mes braves; voyez-les, général, cependant. Peut-être passerai-je bientôt la revue de ma garde; que tout le monde se tienne prêt, que les armes soient en bon état. Je vais peser les objections que vous m'avez faites, je vous en remercie... Que tout ceci demeure entre nous. Adieu, général; je compte sur vous et sur tous les braves qui m'ont suivi dans l'exil; la postérité attend de nous un grand exemple; Napoléon et ses compagnons de gloire et d'exil ne se montreront point au dessous de leur renomée. Allez, quels que soient les dangers qui nous restent à braver, il faut espérer que la victoire se déclarera pour nous... Elle aime la France!...

FIN DU TOME PREMIER.

TABLE

DES CHAPITRES

CONTENUS

DANS LE PREMIER VOLUME.

Prologue.	1
Chap. Ier Le conquérant.	33
Chap. II. Le général et le tambour d'Arcole.	67
Chap. III. Le départ.	91
Chap. IV. La jolie fille d'Orgon.	129
Chap. V. Un contre dix !	171
Chap. VI. Le soldat de Louis XV.	203
Chap. VII. Adieu !	239
Chap. VIII. L'île d'Elbe.	287
Chap. IX. Paris. — Vienne. — Porto-Ferrajo.	331

FIN DE LA TABLE DU TOME PREMIER.

www.ingramcontent.com/pod-product-compliance
Lightning Source LLC
Chambersburg PA
CBHW071914230426
43671CB00010B/1606